MANGA **BASEBALL** PRIMER

讓你技巧進步的
漫畫圖解棒球百科

就是愛打棒球！

漫畫◎田中顯
監修◎公益社團法人 全國棒球振興會
翻譯◎陳姿瑄
審訂◎徐展元

前言

一輩子的棒球迷

臺灣素有「少棒王國」的美稱，但也有很多人問：「為什麼我們的少棒能輕鬆贏過美國、日本與韓國，但到了成棒就很難贏呢？」

受到「為國爭光」的傳統觀念影響，臺灣在少棒階段往往採取嚴格的「軍事化」訓練，很多小朋友是被「半強迫」的打棒球，所以很多人長大後就半途而廢了。

其實在孩子的棒球啟蒙初期，不要太重視比賽勝負，而是先讓小球員們產生想贏球的企圖心，這樣球員之路才能走得長久。

本書以漫畫搭配生動易懂的圖文解說，教導小朋友如何精進棒球技巧、重視團隊合作，讓他們打從心底真正愛上棒球！閱讀這本書獲得的充沛棒球知識，讓小朋友不論最後走上什麼樣的道路，也鐵定是一輩子的棒球迷，享受棒球帶來的無窮樂趣喔！

熱血棒球主播　徐展元

登場人物

松田透

原本已經不打棒球，但搬家這個契機使他在少年棒球野馬隊重拾球棒。

今井齊史

野馬隊的外野手。爆發力強，是隊伍的中心打者。

大澤成美

松田透等人的童年玩伴，有如野馬隊經理般的角色。

相馬教練

野馬隊的教練。棒球技術高超，是個謎樣的人物。

森健太

野馬隊的投手。球速快，但缺點是控球力差。

西条翔

勇士隊的隊長，投手兼第四棒打者。

川岸亮

野馬隊的隊長。以捕手的身分統率整個隊伍。

目次

MANGA **BASEBALL** PRIMER

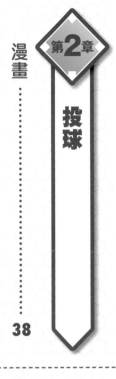

哆 哆

好久不見！

我老爸調職，所以又搬回這一區了！

哦——太好了、太好了！

你轉學後，他就改去練柔道了。不過……

這麼說來……

齊史呢？

……

只要知道你這個前隊長回來了，他肯定會歸隊！

8

我已經不打棒球了⋯⋯

等一下！

況且在家裡打電動還比較有趣。

咦？

那種事⋯⋯誰會記得⋯⋯

三年前說要一起打造出最強隊伍的約定，不就是小透嗎！

你忘記那時候的約定了嗎？

大喊

怒

都投不出好球，我是不是也別打棒球好了？

啊！被幹掉了！

喂！

哇！對不……

什、什麼嘛，是成美啊……

你在這種地方做什麼啊？小透！

大澤成美

就是在我轉進的學校球隊……

球飛往中外野方向！

我接得到！

這樣就能展現我神乎其技的守備！

哇！

咚

游擊手沒接穩！快跑快跑！

哇啊啊啊啊

太棒了！同分！

可惡……

只要打出長打就贏定了！讓我來定出勝負吧！

TEAM	1	2	3	4	5	6	7	8	9	計
五反田小學隊	2	1	0	0	0	0	0			3
東海太空人隊	0	0	2	0	0	1				3

接著，七局下半。

無人出局，一、二壘有人……

換代打！川藤上。

咦！

教練，為什麼？我明明打得比較好……

松田同學，如果你這麼想，那你恐怕不適合打棒球。

我不會再派你出場比賽了。

吵死了！我曾經是這一區的隊長啊……

……所以你就不打棒球了？

唉！因為社員不夠，棒球社已經倒社了，但阿亮他們還是一直練習……

你才不會懂我的心情……

因為他們說，已經和小透約好總有一天要一起打棒球。

所以在那之前，要守住和小透一起創立的隊伍。

14

阿亮……

但我唯一知道的是，你正在逃避！

我的確一點都不了解你的心情……

我要去跟阿亮他們練習傳接球了！

孤零零

哼，什麼棒球嘛……

我其實從來沒有忘記過……

優勝

收緊

只是……

緊握

16

真是的！健太，你往哪裡投啊！

投——

輕握

嗯⋯⋯因為手套小得戴不下了⋯⋯

咚

連手套都沒戴的人，請不要進入球場。

明天，我會去成美老爸的店裡買，

所以今天的練習就先借我手套吧！

小透！你果然回來了！

太好了！跟成美練習好無聊。

既然小透要打，我也只能回來了。

其實道場是我老爸開的。高中畢業後再繼承就行了。

齊史！

你現在不是要到柔道道場練習嗎？

今井齊史

拿出

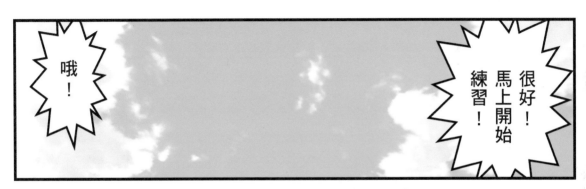

哦！

很好！馬上開始練習！

唰

唰

不好意思！

咻

滾動

乱七八糟?

你的臂力很強,但投球時的跨步乱七八糟。

好、好厲害!

右肘呈直角彎曲……

直挺

兩肩與地面平行。

沙

球要輕輕握著。

輕握

笑

最後,用手腕力量投出!

投

砰

左腳腳尖朝對方的方向筆直踏出……

踏

21

右肘稍舉呈
直角……

兩肩與地面
平行……

輕輕握住，

輕握

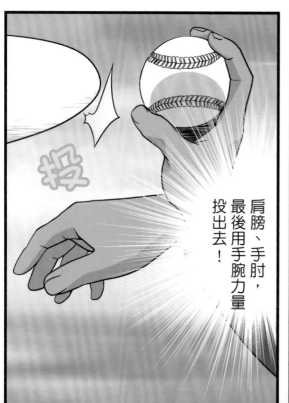

肩膀、手肘，
最後用手腕力量
投出去！

左腳筆直朝對方
踏出……

踏

投得好。

那個大叔，我好像在哪裡看過……

好厲害！向來沒控球力的健太，

竟然投到了正中央！

這個大叔是誰？

啊！老師！

相馬？你不是相馬嗎！

真沒禮貌！這個人以前是……

沒關係，是我忍不住多管閒事……告辭了。

相馬先生，我們的隊伍才剛成立。
如果可以，希望你能當我們的教練。
我沒有擔任教練的經驗，況且在棒球方面也已經……
拜託你！
敬禮
我知道了。不過，既然接下這個職務，我可是會很嚴格喔！
太好了！新一代野馬隊成立！
耶！

暖身與收操

大家聽過暖身（準備運動）與收操（緩和運動）嗎？
這是在棒球練習前和練習後進行的重要運動，讓我們來學正確的做法吧。

Question
Q 為什麼要做暖身與收操？

Answer
A 為了避免受傷，以及消除疲勞。

我們的身體如果突然進行激烈運動，肌肉可能會發生問題。因此，練習前需要仔細做好暖身（準備運動）。而練習後為了讓處於興奮狀態的肌肉恢復平常狀態，避免留下疲勞，一定要做好收操（緩和運動）。

為了預防受傷，一定要做好暖身。

練習前後
一定要做！

Question

暖身應該做多久？

Answer

暖身大約要做 30 分鐘。

⚾ 暖身流程一例

1 伸展運動（10分鐘）
從距離心臟較遠的手和腳開始做，充分
伸展肌肉和肌腱。　　※肌腱：連接肌肉與骨
　　　　　　　　　　　　　骼的部分。

c：起立蹲下

d：腿部伸展
（左右都要）

2 準備體操（2～3分鐘）
數「1、2、3、4、5、6、7、8」的拍子，
a～f 的體操各做兩個循環。
　　a：旋轉雙手手腕
　　b：旋轉雙腳腳踝
　　c：起立蹲下
　　d：腿部伸展
　　e：肩部伸展
　　f：跟腱（阿基里斯腱）伸展

3 跑步（5分鐘）
200公尺跑道跑三圈。同時加入抬腿跑、
旋腰、側併步的變化動作。

4 腰與髖關節運動（2～3分鐘）
一面數拍，一面把腳往前、後、左、右抬
起。

5 短跑衝刺（10分鐘）
共十次，前兩次以七成速度跑，最後兩、
三次盡全力跑。

6 腰與大腿內側的伸展（1～2分鐘）
消除短跑衝刺中所用到的肌肉疲勞。伸展
的做法請看下一頁。

e：肩部伸展
（左右都要）

f：跟腱伸展
（左右都要）

⚾ 收操流程一例

1 跑步（5分鐘）

2 緩和運動（2～3分鐘）
起立蹲下或腿部伸展

3 伸展（10分鐘）

➡ 身體的運動方向

怎麼做正確的伸展？

Answer

A

平靜而緩慢的放鬆、伸展肌肉與肌腱。

為了預防受傷，伸展肌肉與肌腱非常重要。
絕對不可以急遽伸展，而是要平靜、緩慢的放鬆伸展。

2 手臂‧肩部
舉起兩臂，右手抓住左手的手肘，將左手肘慢慢拉到頭部後方，維持這個姿勢將上半身慢慢朝右彎曲，同時進行側腹的伸展，再舉起兩臂換左手抓右手的手肘，同樣的動作再做一次。

1 背部‧體側
雙手高舉過頭、十指交叉、掌心向上。維持這個姿勢，上半身向左右緩慢傾斜，再往前傾、向後仰。收操時把高舉的雙手輕輕放下，慢慢放鬆收尾。

膝蓋彎曲不要
超過90度。

4 髖關節‧小腿‧跟腱
將一隻腳往前大跨一步，再將身體的重心放在前腳慢慢下沉。注意往前踏的那隻腳的膝蓋彎曲不要超過90度，保持充分伸展後腳的姿勢一段時間。換腳往前跨再做一次。

※髖關節：大腿內側的關節。

伸展腳踝。

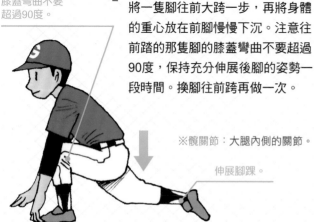

3 肩部‧胸部
雙手放在身後，掌心朝向外側，十指交叉。挺胸收下巴，兩臂慢慢上下擺動。

腳尖翹起。

6 髖關節‧腰‧臀部‧大腿內側

一隻腳伸直，另一隻腳屈膝，盡可能維持
張著腿的坐姿。腰部朝向正面，上半身轉
向伸直的腳，雙手抓住伸直的腳的腳踝，
身體慢慢下壓。左右輪流做幾次。

5 髖關節‧大腿內側‧臀部

坐著將腿盡可能張開，伸展背部，身體慢
慢往前壓，像是要把上半身往下摺一樣。
保持這個姿勢一段時間。

兩腳的腳踝
都要伸直。

8 大腿外側

坐下來，左腳伸直，右腳屈膝，保持這個
姿勢緩緩向後倒，雙肩貼到地面上。此時
右腳腳底向上，左腳腳底向下，盡量伸展
兩腳的腳踝。此外，注意右腳膝蓋不要跟
左腳分開。保持這個姿勢一段時間，左右
輪流進行。

7 背部‧腰側‧胸部

坐下來，兩腳往前伸，左膝立起，左腳踝
放在右腳大腿外側，讓兩腿交叉。保持這
個姿勢，將上半身轉向左方，用右手肘的
力量將左腳膝蓋往右推。同時將下巴放在
充分向後轉的左肩上，保持這個姿勢一段
時間。左右輪流做幾次。

傳接球

接球是棒球守備練習的基礎。
忽視接球的隊伍不會進步，所以讓我們一起記住正確的做法吧。

Q 什麼是棒球的正確握法？

A 食指和中指扣在縫線上，輕輕握住。

 球的握法 （以右撇子為例）

指頭扣在縫線上。

留下約一根手指寬的空間。

※手比較小的人
也可以用三根
手指握球！

握球的時候，球和掌心之間要留下約一根手指寬的空間。如果球緊貼著掌心，手腕的力量就發揮不出來，投不出力道強勁的球。反之，若留下太大的空間，球會容易掉落。

食指和中指扣在縫線上，此時食指和中指相隔約1～1.5公分。拇指放在食指的正下方，扣著下側的縫線，指頭微彎支撐住球。無名指和小指微微彎曲，感覺就像貼在球旁邊。

Question

Q 準備接球時，腳要怎麼動作？

Answer

A 隨時移動腳步。

準備接球時，腳不可以停下來。要像下圖一樣，隨時移動腳步。

 接球的方式 （以右撇子為例）

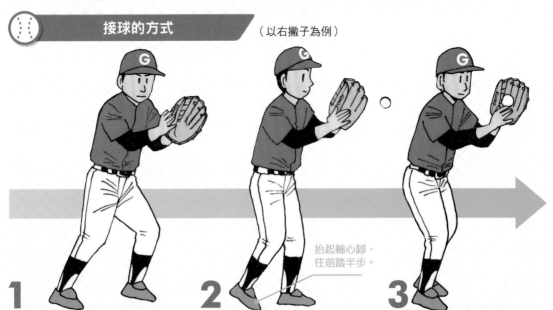

抬起軸心腳，
往前踏半步。

1 在球的正面以小跳步移動，微微屈膝，將手套擺在胸前，一手搭在手套旁邊。

2 球接近後，抬起軸心腳（若是右撇子就是右腳）開始做往前踏半步的動作。

3 踏出去的右腳在左腳的稍前方著地的時刻，右手從旁輔助，以兩手接球。

⚾ 接球時兩手的形狀

球從正面飛來時，左右拇指並在一起，將慣用手搭到手套邊。若球低於腰部，就將手套朝下，雙手小指靠在一起。

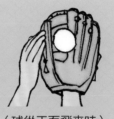

（球從正面飛來時）

（球低於腰部時）

Answer

A

投向遠處時用全身力道投出，
投向近處時用手腕力量投出。

在棒球比賽中，必須把球投到不同位置。短傳與長傳的投球姿勢有所不同，仔細閱讀左側說明後再來練習吧。

4

運用手腕力道小動作傳球。右臂與地面平行，放開球的指尖記得要朝著傳球方向。

傳接球的注意事項

1

是否正確握住球？

2

手指是否牢扣在球的縫線上？

3

踏出的腳是否筆直朝向投球的對象？

4

釋球（放開球的時機）是否太早或太遲？

5

投球前，手臂是不是開始施力了？

6

手肘有彎成直角嗎？

7

長傳時，雙肩是否與地面平行？

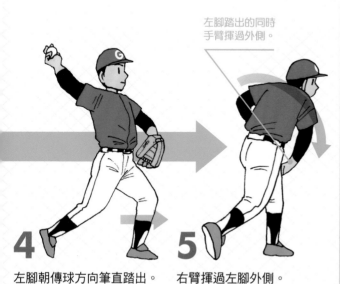

左腳踏出的同時手臂揮過外側。

4

左腳朝傳球方向筆直踏出。

5

右臂揮過左腳外側。

投向近處的手腕傳球 （以右撇子為例）

右腳微抬。

1
站到球的正面，左腳在前，右腳微抬，形成接球姿勢。

2
接球的同時右腳著地，迅速而正確的緊握住球。

3
流暢的將重心移動到右腳，同時迅速屈膝，像拉弓一樣將手肘往後拉。左腳筆直朝對方的方向踏出。

 長傳的後擺與姿勢 （以右撇子為例）

※後擺：手臂向後拉的動作。
　　　打擊時，打者將球棒
　　　向後拉的動作也稱作
　　　後擺。

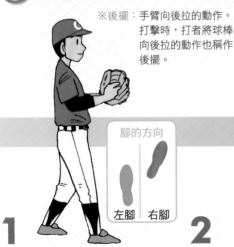

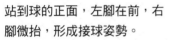
腳的方向

左腳　右腳

1
右腳腳尖朝著投球方向斜斜踏出，採放鬆的姿勢。

2
雙手舉到胸前，同時重心放到右腳。

3
左肩轉向目標，左腳微抬，右臂朝後方拉起。

肌力訓練

若想投出速球，或是將球打得很遠，就需要肌力。
但是不當的訓練容易受傷，所以一定要學習正確的肌力訓練方式。

Question

若想投出速球，只要鍛鍊手臂肌肉就行了嗎？

Answer

全身的肌肉都要均衡鍛鍊。

絕對不可以只鍛鍊一部分的肌肉，或是對肌肉造成劇烈負擔。人的肌肉要透過運動、營養、休息這三個要素才能鍛鍊起來。在此介紹幾個肌力訓練的例子，但並不是非得照做才行，而是要配合自己的身體調整過後再進行訓練。

鍛鍊大腿內側的技巧

獨自側跳

以5～6公尺為間隔放置兩顆球。兩手中拿著球，在放置的球之間往返側跳。到達其中一側後，將放置的球與手中的球交換，以十次往返為一循環，做三次。

空手接住左右側滾來的球

空手接住隊友滾過來的球，再快速傳回去。負責滾球的人注意不要讓接球的人停下來，迅速將球滾向另一側。以三十次為一循環，做兩次。

⚾ 鍛錬腹肌・背肌

⚾ 腹肌運動

●仰臥起坐

仰躺屈起膝蓋，手臂放在腦後，請隊友幫忙按住腳踝。接著，在不運用反作用力的情況下挺起上半身。從做得到的次數開始一點一點增加。

> 不要靠慣性挺起身子。

⚾ 背肌運動

●俯臥舉體

手在頭上交握，以趴下的姿勢將上半身向後仰（請隊友幫忙按住腳）。從做得到的次數開始一點一點增加。

⚾ 鍛錬手腕・胸・肩膀

⚾ 屈肘運動

將手肘貼在身上，掌心朝上，手肘呈直角彎曲。保持在這個位置，以手肘為支點，舉起寶特瓶再放下。左右各進行十次。

> 500毫升的寶特瓶

⚾ 捲起寶特瓶

用堅固的繩子將裝了水的寶特瓶綁在圓棍上，再以手指將寶特瓶捲上來再捲下去。這個動作重複十次（繩子長度約1公尺）。

> 用水量來控制重量

跑步

跑步是所有運動的基本，在棒球練習中也一樣，每天跑步很有效。

Question

跑步有什麼效果？

Answer

有培養持久力、基礎體力、敏捷度、平衡感和爆發力的效果。

跑步有培養棒球所需之各種能力的效果。這裡介紹幾個種類，讓我們一起訂定計畫，組合起來好好練習吧。

 各種跑步

⚾ 強化持久力、基礎體力

- ●長跑
- ●跑坡道或樓梯
- ●跑沙灘
- ●高抬腿跑

跑步的注意事項

跑步時要留意將腹部挺直，腰部維持穩定。

⚾ 培養敏捷度、平衡感

- ●側跑
- ●倒著跑
- ●抬腿跑
- ●Z字形跑

⚾ 培養爆發力

- ●瞬間轉向側邊開始起跑衝刺
- ●瞬間轉向背後開始起跑衝刺
- ●從趴著的姿勢開始起跑衝刺
- ●從仰躺的姿勢開始起跑衝刺
- ●從跪著的姿勢開始起跑衝刺

側跑

和隊友一起做！
小祕笈
COLUMN

為什麼需要補充水分？

在練習空檔補充水分

大家是否直到練習結束，才發現忘記喝水了呢？
在練習空檔補充水分非常重要喔。

⚾ 運動時補充水分之所以重要的原因

　　人體約有百分之六十是水分，而且大部分是體液，有讓人體內的運作保持恆定的功能。但是運動後大量流汗，體內的體液就會流失，因此會產生脫水或中暑等症狀。除了暈眩和想吐以外，嚴重的情況也可能致死。

　　所以在練習的空檔頻繁補充水分非常重要。此外，只要流汗，鹽分也會跟著流到體外，所以不只要喝水，也要多喝能補充鹽分的運動飲料比較好。

務必頻繁補充水分！

⚾ 夏天除了補充水分還要勤換衣服

　　在夏天練習時大量流汗，棒球內衣會被汗水浸溼，導致無法吸收更多汗水，使得汗水難以排到體外。

　　所以勤換衣服很重要。平常練習時，大約每兩小時更換一次，比賽的時候，投手最好是每2～3局更換一次內衣，所以內衣一定要準備2～4件。

務必勤換內衣！

第**2**章　　　投球

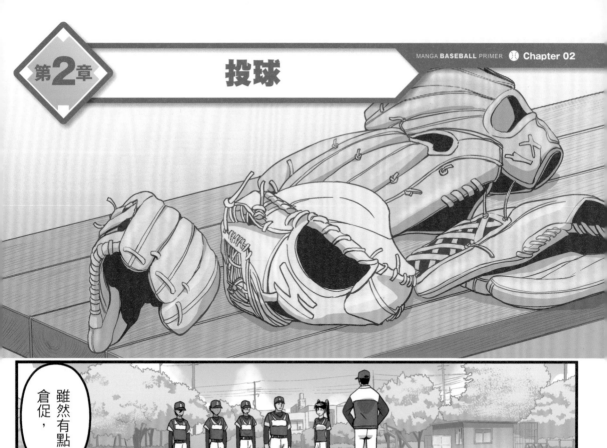

好像很有趣！比吧、比吧！

比吧！

你們兩個……

那種小事總會有辦法解決的！

可是……我們的練習還不足，選手也不夠。

哦！不愧是齊史！

人數的部分，我跟以前一起打球的夥伴提過了，他們說明天會來。

好！

為了比賽，大家要好好練習！

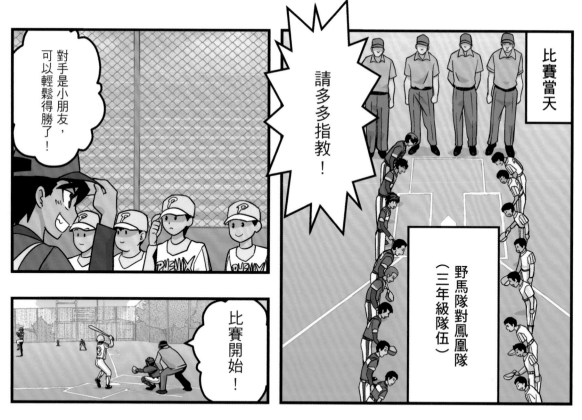

比賽當天

請多多指教！

對手是小朋友，可以輕鬆得勝了！

比賽開始！

野馬隊對鳳凰隊（三年級隊伍）

一好球！

好快……

嘿嘿！

出局！

三球三振！好厲害！

沒問題的！

嘀嘀咕咕……

教練，那種球打不到啊……

太好了！

保送！

咻

砰

壞球！

壞球！

壞球！

咚

可惡……左打者真難對付!

暫停!

太好了!連續保送!

壞球!

好!

健太的球光是要投到正中央都要費盡全力了!就讓他們打出去吧。

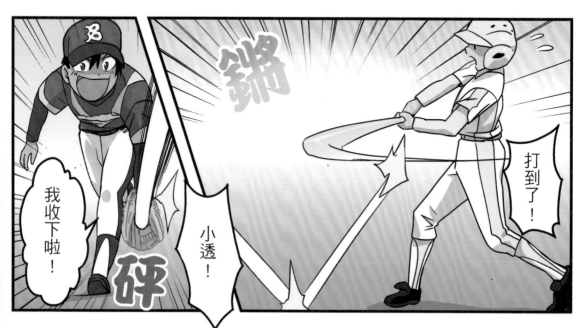

我收下啦!

小透!

打到了!

哇啊！

6、4、3、雙殺！

咻

糟糕！

（譯註：游擊手傳二壘手再傳一壘手的雙殺）

鳳凰隊率先奪得兩分！

太棒了！

暴傳失誤！快跑快跑！

揮空

漏接

咻

之後也一樣⋯⋯

TEAM	1	2	3	4	5	6	7	8	9	
鳳凰隊	4	1	3	6	1	2	3			20
野馬隊	0	0	0	0	0	0	0			0

謝謝指教！

浪費時間。

沮喪⋯⋯⋯ 太棒了！

贏了！

喝

走了！
練習時間寶貴。

卜

朝日町勇士隊
西条翔

教練要我們
來觀賽，
結果過來一
看……

打得超爛！

真不甘心～

是連續在三大會中
奪冠的勇士隊！
那個高大的人是
王牌──
四號的西条！

意思是說，
我們的比賽
根本不值得
一看嗎……

消沉……

不可能啦……

嗚嗚～

決定了！
我們要在秋季
大會把他們打得
落花流水！

45

阿亮說得沒錯。反正都是要打，目標設定在高處比較好。

小透說的才不是不可能的事！

我們只要好好練習，也會越來越強！

阿亮真不愧是新隊長！

咦？我是隊長？

好，要雪恥，我們！

上吧！

野馬隊！

噢～

好帥!
我也要
試試看!

哎呀?

兩肩要與地面平行，

左肩聳起來了。

而且踏出的腳偏向了一壘。

踏出的腳隨時都要保持朝向捕手方向。

瞪

好！我再試試看。

啪

沙

唰

49

投得好!就是要這樣投!

健太的眼神好像變了!

碎

碎

因為一點一點的進步,能夠投到想投的位置,他漸漸有了幹勁吧。

真期待!

下個星期日

嗶～

因為健太說他想牢牢記住這種順暢的感覺！

小透！麻煩你來站在打擊區上！

喂，今天沒有練習喔！

笑

真拿你沒辦法！

沙沙

投手的動作

職業棒球選手會有各式各樣的投法。
一起來看看有什麼樣的動作吧。

Question

Q 有容易培養控球能力的投法嗎？

Answer

A 就是以「不舉臂」的動作投。

將雙手高舉過頭進入投球動作的投法，就是「舉臂過頭」的揮臂式投法；雙手不高舉而是固定在胸前的投法，就是「不舉臂過頭」的揮臂式投法。相較於舉臂過頭的投法，不舉臂的方式較容易控球。

舉臂過頭的揮臂式投球 （以右投為例）

1 重心放在右腳，挺起上半身，同時在手套中調整球的握法。

2 重心移到稍微後方的左腳，慢慢舉起手臂。

3 手套豎起，舉到頭部後方，這樣雙肩便於施力，身體的動作容易使勁。

52

不舉臂過頭的揮臂式投球　（以右投為例）

右腳踩在
投手板邊
緣。

1 手套舉到大約胸口的位置，在手套中調整球的握法。

2 放下手套，同時扭轉身體，移動右腳與投手板平行。

3 重心放在右腳，抬高左腳。

 固定式投球　（以右投為例，壘上有跑者時的投球方式）

肩膀不要動。

※固定式投球：手臂不高舉，將球置於胸前再投出去的投球方式。

頭微微轉向
一壘方向。

1 右腳踩在投手板上，與投球方向平行站立。手套放在胸前。

2 進入投球動作前，用視線牽制跑者動作。

3 重心放在右腳，同時抬高左腳，雙手向後拉。

投球姿勢

對於在一場比賽中要投幾十球的投手來説，用不會對手肘或肩膀造成負擔的姿勢投球很重要。
首先，讓我們先記住正確的投球姿勢吧。

Question
投球時，腳抬高比較好嗎？

Answer
不要使勁抬高，而是要輕鬆的從膝蓋開始往上抬。

投球時，重要的是要如何在姿勢保持自然的同時投出球。假如硬是把腳抬高，身體會失去平衡。輕鬆的從膝蓋開始往上抬到不勉強的高度就好。

7
舉起手臂的同時，左腳朝本壘板的方向踏出。

8
扭轉腰部，原本放在右腳的重心移到左腳將球投出。

⚾ **踏出的方向**
（以右投為例）

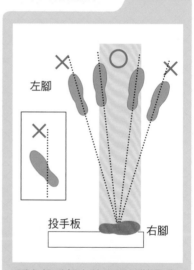

左腳

投手板　右腳

踩在投手板上的右腳釘鞋長度與本壘板呈直線的區塊，即是朝前方踏出的左腳的著地處。注意此時左腳不要偏往一壘方向。

投球時腳的動作 （以右投為例）

1

原本置於投手板上的右腳踩在
投手板邊緣，與之平行。

2

左腳從膝蓋開始輕鬆抬起。

重心在
右大腿內側。

3

向右抬起左腳，身體重心放在
右大腿內側。

轉向
捕手。

4

左腳和左臀部帶向捕手。

5

放下左腳，同時腰部朝打者方
向平行移動。

6

左腳著地之前，兩膝都維持朝
向內側。

如何投出速球？

下半身要「儲存力量」，像甩鞭一樣揮動手臂，
使得放開球（釋球）的時候讓球產生逆向旋轉。

若要投出速球，就必須將全部力道傳到球上。放開球（釋球）的時候，如同前一頁的說明，一口氣釋放出下半身所儲存力量的同時，像甩鞭一樣揮動手臂，運用手腕跟與手指讓球產生逆向旋轉，就能投出有尾勁的速球。

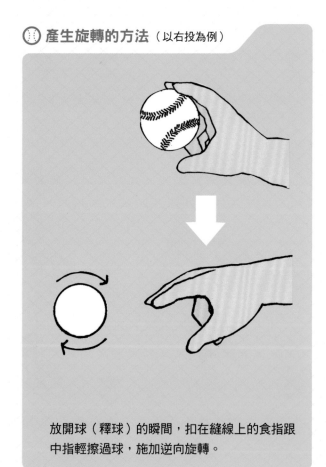

產生旋轉的方法（以右投為例）

放開球（釋球）的瞬間，扣在縫線上的食指跟中指輕擦過球，施加逆向旋轉。

收下巴，眼睛盯著捕手。右手腕橫過胸前，揮到左腳外側。

投球時肩膀・手肘・手臂的動作　　（以右投為例）

下半身
儲存力量。

1
右肩自然下垂的往後拉。此時
掌心和球都朝著地面。

2
輕輕握球，放鬆右臂力道。

3
右手掌心和球朝向地面，右
手肘向後拉。手套往外推出
與肩膀平行。

手套在
胸口位
置。

4
手套移到左胸前，兩手肘抬到
肩膀高度（注意手肘不要低於
肩膀）。

5
左手收到胸前，重心放在左腳
上。

6
像甩鞭一樣揮動右臂，柔軟運
用手腕並放開球。

牽制

為了讓跑者留在壘包上不能動，學會牽制的技巧很重要。
讓我們來學習不會被判定為犯規的正確做法吧。

Question

Q 怎麼在不踏出投手板的情況下，投出不會被認定為犯規的牽制球呢？

Answer

A 稍微轉動踩在投手板上的腳，將踏出的腳轉往一壘方向。

讓人看不出是要向打者投球還是要牽制跑者的時候會被認定為投手犯規。記住肩膀不要動，腳朝一壘方向踏出，迅速轉身投出球。

4

左腳腳尖朝一壘筆直踏出，一定要將球傳出（不傳球會形成投手犯規）。

4

在距離延伸向一壘方向的直線45度以內的位置踩下右腳，將球傳向一壘。

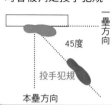

踏出右腳的角度
要是腳踩的位置超過45度，偏向本壘方向，有時會被判定投手犯規。

一壘方向
45度
投手犯規
本壘方向

牽制的注意事項

1 比起刺殺跑者，更重要的在於延遲打者的起跑。

2 就算只是看向跑者或腳離開投手板，也能構成牽制。

3 踏出的腳尖要指向一壘方向。

4 為了避免習慣動作被記住，要變換牽制的模式。

※投手犯規：若被判定投手犯規，跑者可以進一個壘。（關於牽制的說明，請看190頁。）

⚾ **右投手對一壘的牽制**

肩膀不要動。

抬起右腳跟。

1 從左肩觀察跑者的動作。注意肩膀不要動。

2 抬起右腳跟，同時輕輕跳躍、像踩著跳步一樣向左轉。

3 以右腳為軸，轉向一壘方向，同時迅速抬起右膝。

⚾ **左投手對一壘的牽制** ※與右投手對三壘的牽制正好相反。

朝一壘方向伸出。

1 兩腳平行，以輕鬆姿態進入固定式投球的姿勢。

2 抬起右膝，形成可以投向本壘也能投向一壘的姿勢。

3 右腳朝一壘方向伸出並抬起（看或不看跑者都可以）。

投手的訓練

為了投出速球、加強控球能力等等，讓身體記住平衡良好的投球姿勢很重要。
讓我們來學會方法並勤加練習吧。

Question
若想使投球姿勢穩定，應該做什麼訓練呢？

Answer
可以透過用毛巾、傳接等等，
學會平衡良好的投球姿勢。

增進投球技術是沒有捷徑的。重要的是反覆調整自己的姿勢，勤奮練習甩毛巾、傳接……從中學會良好的投球姿勢。

用毛巾模擬投球

在毛巾一頭打結，把結當成球來進行模擬投球。若手腕運用得當，甩動毛巾時的聲響就會隨之變化。

在鏡子前調整姿勢

拿著手套和球，站在鏡子前仔細調整投球姿勢。注意下巴有沒有抬太高、有沒有聳肩等等。

⚾ 單膝跪姿傳接球

右膝跪地，將球投給相隔 5 公尺左右的隊友。這是訓練投球基本技巧的練習，對著網子投球也可以。

⚾ 兩腳平行而立傳接球

在左右兩腳平行、與肩同寬的情況下傳接球。這是身體在扭轉時保持雙肩與地面平行的練習。

⚾ 控球練習

以橡膠繩模擬好球帶，練習讓球通過。沒有捕手的時候，可以在操場的網子上用膠帶標出四角形的好球帶，練習投中那個區塊。

橡膠繩

好球帶

記住正確的好球帶，瞄準打者不好打的角落投過去吧。

Question

好球帶會因打者而不同嗎？

Answer

會隨打者的身高變化。

好球帶的左右寬度與本壘板的寬度相同，是固定的，但高低會隨打者身高而有所差異。讓我們記住正確的好球帶，練習投出好球吧。

⚾ 投出好球吧

對投手來說，最重要的是無論何時都能拿到好球數。先朝著好球帶的正中央做投球練習，等到能穩定投到自己瞄準的位置後，再練習投向好球帶的四個角落。

⚾ 好球帶

只要球的一部分擦過好球帶的範圍，就算是好球。

好球帶的高點
打者肩膀上緣及褲子上緣的中間點。

壞球　好球

好球帶的低點
打者的膝蓋下緣。

好球帶的角落
球就算只是稍微擦到本壘板邊緣，都算是好球。

好球帶的寬度
本壘板的橫寬。

和隊友一起做！
小祕笈
COLUMN

比賽前應該吃什麼？

規律的飲食生活

大家會不會挑食呢？對成長期的孩子來說，
均衡又規律的飲食習慣非常重要喔！

⚾ 練習或比賽前要攝取碳水化合物

若要打造健壯的體魄，最重要的是一天三餐要規律，特別是早餐。如果沒吃早餐，大腦就得不到足夠的能量，判斷力和集中力會變得遲鈍。

有比賽或練習的日子，早餐一定要吃飯、麵包、烏龍麵之類的碳水化合物。碳水化合物會馬上在體內轉化成為運動所需的能量。

另一方面，在比賽或練習結束後，要吃肉、魚、豆類等蛋白質。蛋白質能修補運動後損傷的肌肉，讓肌肉更加健壯。

⚾ 何謂均衡的飲食

除了碳水化合物、蛋白質，加上維生素（蔬菜、水果等）、脂肪（牛奶、起司等）、礦物質（小魚乾、海藻類等），合稱為五大營養素。

若想擁有健壯的身體，重點就是不能挑食，均衡攝取含有這些營養的食物。

碳水化合物　米飯　麵包　烏龍麵

蛋白質　肉　魚　納豆

維生素　蔬菜　水果

脂肪　牛乳　牛奶　起司

礦物質　小魚乾　海藻類

第**3**章 打擊

跑

我去看一下！

咦！

什麼？

去偵查勇士隊時受傷了！

健太，繼續練習！

可是相馬教練！成美是為了幫助我們……

等等！練習還沒結束。

怒。。。。。

……

搞什麼，不要因為這點小事就把我們找來。

不過，謝謝你們關心我。

不過我只是被界外球砸了一下啦。

好了好了，機會難得，大家一起看吧！

你早說嘛！

什麼嘛！那我好不容易才錄到的比賽影片就不給你看了！

西条果然很高大！

請多多指教！

好厲害……
無論是控球能力
還是速度都是！

第一局，
三上三下！

唔唔……

打擊也很強⋯⋯

鏘

瞪

很有力量，揮棒時也沒有多餘的動作⋯⋯

率先打出帶一分打點的二壘安打！

沙

到第五局都還沒讓對方打出一支安打嗎？

氣勢洶洶

吞口水

呀！

逼近

鏘

哦，打到了！

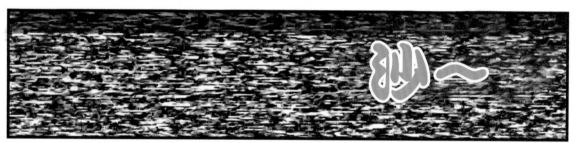

沙～

寂靜……

我就是被那顆界外球打中，影片到此為止……

你們覺得怎樣？

那樣是贏不了的！

我要從西条手中打出全壘打，把他打得落花流水！

我也要！

我們也要靠著練習牢牢熟記基礎才行！

雖然西条的個子高大，但是因為棒球技巧的基礎紮實，才能活躍於場上！

不過……

阿亮說得對！

我們沒辦法靠自己一個人獲勝，但只要我們所有人的打擊都能將攻勢延續下去，就一定能勝利！

你在打擊前太過僵硬了。

緊抓

最後還是要由我打出關鍵的一球！

轟
轟
轟

要不疾不徐，以自然的姿態站好。

擊

靠蠻力揮棒是沒用的。

擺出自然的架式，

運用腰部的轉動，

72

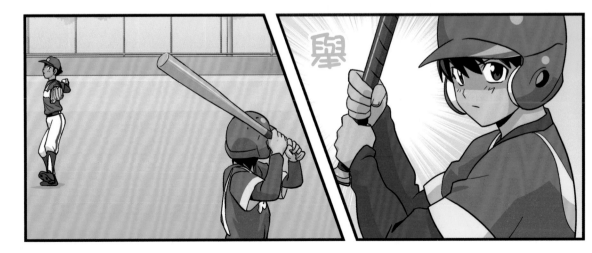

嗚哇——感覺真暢快！

鏘

可以了，打得很好！下一個換齊史。

唔鏘

鏘

不過——這樣不就沒辦法打很遠嗎？

不悅

打得漂亮！

高飛～

揮空

看吧！沒打中就沒意義了。

齊史的力氣大，就算只是輕揮，只要打中就會飛很遠。

我也想打出那樣豪爽的打擊。

揮棒時頭部位置不要上下晃動！

是！

站姿與打擊站位

每位職業棒球選手各有不同的打擊姿勢，
來看看有什麼樣的姿勢吧。

Question

什麼是打擊時的正確站姿？

Answer

最適合自己的自然姿勢。

揮棒時並沒有規定非得用什麼站姿，各個選手只要以最自然、最容易揮棒的姿勢站立就好。讓我們一起找出揮棒順手、便於跨步、適合自己的站姿吧！為了順暢進行接下來的動作，活動身體的一部分來掌握節奏也是一個方法。

自然站姿

（以右打為例）

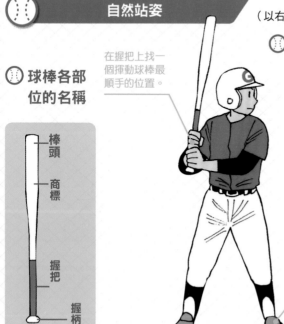

球棒各部位的名稱

在握把上找一個揮動球棒最順手的位置。

球棒的握法

以小指、無名指、中指、食指的順序握上去，不要過度使勁。若是右打者，就由靠近握柄的左手牢牢握住，右手則以像是支撐的感覺握住。

棒頭

商標

握把

握柄

腳的位置則是張開到讓左腳能輕盈跨步的幅度。

找出適合自己的站姿吧！

Question

Q 如何決定打擊站位（腳的位置）？

Answer

A 在練習中數度嘗試，找出自己能紮紮實實打到球的打擊站位。

打擊站位（腳的位置）大致分為三種：平行式、封閉式、開放式。從平行式開始練習，再找出適合自己的站位吧。

 各種打擊站位 （以右打為例）

◯ 平行式

與投手的方向平行，兩腳並立。打擊時順勢朝投手方向跨出腳步。

◯ 封閉式

靠近捕手的那隻腳稍微往後站，偏向三壘，左腳則是靠向一壘。

◯ 開放式

左腳略向三壘跨出站立，右腳靠近一壘。

揮棒

為了讓球棒打到球的瞬間（擊球瞬間）力道達到最大，一起來學習這一連串的動作吧。

預備打擊站姿

（以右打為例）

※後拉頂點：球棒達
　到最高的位置。

從側邊所見

（基本站姿）

雙眼與地面平行。

雙肩與地面平行。

左右腰與地面平行。

身體不前傾。

腳尖朝外。

從上方所見

注意左肩與腰部不要偏往三壘方向。

後拉頂點

以左腳著地。

4

預備打擊姿勢完成的瞬間，後拉頂點到達與左腳著地的時間最好一致。左肩不要朝三壘外張，以左腳著地，移動的同時，將重心放到左腳腳底。

Q 揮棒時，什麼方法可以防止下巴揚起？

A 保持縮下巴看球的姿勢。

很多人一用力就會不自覺抬起下巴。一旦抬起下巴，視線就會離開球，無法漂亮的打擊出去。為了防止下巴抬起，兩眼視線要與地面平行，感覺好像瞪著投手一樣。

 從揮棒到跨步 （以右打為例）

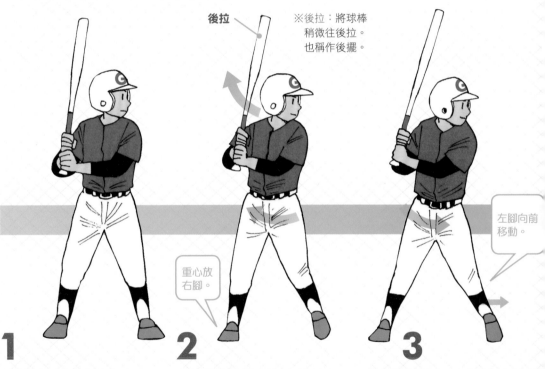

後拉

※後拉：將球棒稍微往後拉。也稱作後擺。

重心放右腳。

左腳向前移動。

1
膝蓋微彎，放鬆力道。

2
腰稍微朝捕手轉動，將重心放在右腳，左腳微彎內縮，腳尖著地。腰保持扭轉，逐步轉向球。

3
注意頭部位置不要晃動，並向前踏步。腰稍微朝內側扭轉。注意保持良好平衡，有良好的平衡才能帶來強勁的揮棒。

即使跨步步伐小，也能打出強勁的球嗎？

Answer

只要注意不要靠跨步向前的力道，而是用重心的移動、腰的扭轉、手腕的力量打擊就行了。

跨步幅度過大，會使身體無法充分旋轉。讓我們來學習從揮棒到擊球瞬間，該如何運用身體吧。

※接近：將球棒從頂點的位置朝著球揮過去。
※擊球瞬間：球棒打中球的瞬間。

要記住運用身體的方式喔！

4 以雙手手腕為中心，強力揮出球棒前端。

5 用力轉腰的同時，以流暢的手腕轉動來擊球（擊球瞬間）。

第3章 打擊

從接近到擊球瞬間 （以右打為例）

左手與球棒的角度約90度。

左手感覺像是把球棒往下拉。

注意上半身不要前傾。

從側邊所見

從上方所見

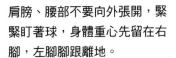

1
肩膀、腰部不要向外張開，緊緊盯著球，身體重心先留在右腳，左腳腳跟離地。

2
左腳腳跟著地的同時，開始將球棒往下揮。此時左手與球棒的角度維持約90度。

3
左手與球棒的角度約保持在90度，像是用左手把球棒往左下拉一樣，朝著球揮過去。右肘要朝向下方。

如何維持平衡的姿勢打擊？

Answer

注意頭不要晃動，直到最後都要牢牢盯著球。

要是專注於想用力揮棒，姿勢就容易偏掉。
注意頭不要晃動，直到最後都要牢牢盯著球。
只要標準的揮棒，自然就能做好延伸動作。

※延伸動作：球棒打到球之後的揮棒動作。

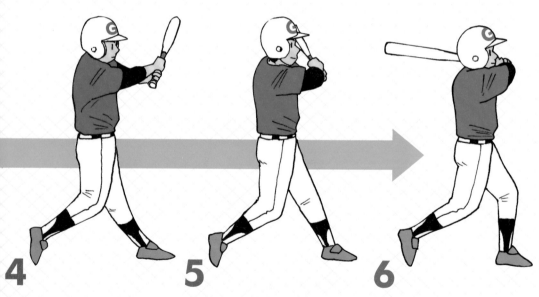

4
延伸動作就自然的順勢而
為。

5
以軸心（頭）為中心揮棒，就
會形成平衡良好的延伸動作。
（若姿勢標準，就能自然完成
連貫的延伸動作。）

6
看著球的去向，同時準備
起跑的姿勢。

第**3**章 打擊

⚾ 常見的不良姿勢 （以右打為例）

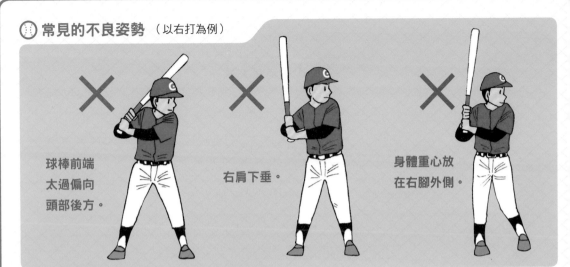

球棒前端
太過偏向
頭部後方。

右肩下垂。

身體重心放
在右腳外側。

⚾ 從接近到擊球瞬間 （以右打為例）

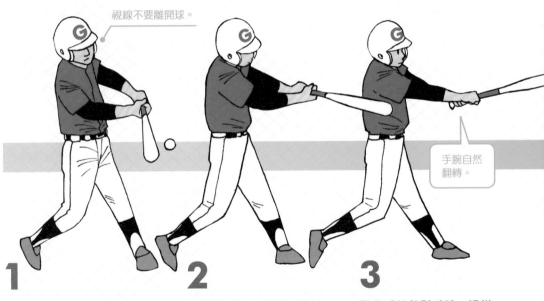

視線不要離開球。

手腕自然
翻轉。

1
擊球的時候，身體重心從
右腳移至左腳，在肚臍前
方擊球。

2
直到擊出球的瞬間，視線
都不要離開球，並揮棒到
底。

3
擊出球後放鬆手腕，這樣
手腕會自然的翻轉。

觸擊（短打）

觸擊是能有效將壘上跑者向前推進的進攻方式。
觸擊失敗可能導致球隊落敗，所以讓我們好好學習正確的做法吧。

 Question

觸擊時，要用球棒的什麼位置點球呢？

Answer

用距離球棒前端 10 ～ 12 公分處點球。

為了讓球確實往前方滾，要用距離球棒前端10～12公分處點球。想像自己用拿著球棒的右手接球一樣的感覺去點，就能抵消球的來勢。

 球棒的握法 （以右打為例）

觸擊時，左手距離握柄約10公分，右手抓住球棒的商標位置。右手的握法有好幾種，大家找一找適合自己的方法吧。

右手拇指朝上，食指與中指從下方支撐住。

右手拇指朝著球棒前端扶住球棒，其他指頭也微微彎曲，從下方支撐住。

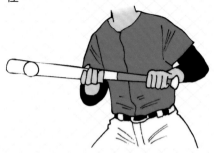

右手拇指朝上，四根手指從下方緊緊握住，用於要點出力道較強的觸擊時。

觸擊的姿勢 （以右打為例）

膝蓋彎曲，
保持柔軟。

◯ **平行式站位**

若要點出能確實使跑者前進的
犧牲觸擊，腰、肩、兩腳完全
正面朝向投手。

◯ **開放式站位**

從揮棒打擊的姿勢轉為觸擊
時，左腳微張，上半身轉向
投手。

◯ **封閉式站位**

想擊出讓打者也能安全上壘的
安打時，右腳後拉，以馬上就
能起跑的姿勢觸擊。

◯ **觸擊的方法**

1 做好預備動作，
讓眼睛、球棒、
球呈一直線。

2 要是碰到比球棒
高度更高的球，
就收回球棒，放
棄這一球。

3 如果碰到低角球
則拿球棒的手保
持不動，調整膝
蓋高度。

4 將臉靠近球棒，
直到球棒點到球
為止，視線都不
要離開球。

◯ **球滾動的方向**

1 若要讓一壘跑者前進到二壘，就讓
球滾往投手跟一壘手之間。

2 若要讓二壘跑者前進到三壘，就讓
球稍微強勁的滾到三壘手面前。

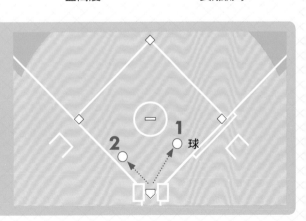

┈┈┈▶ 球的動向

MANGA **BASEBALL** PRIMER

打擊練習

揮棒動作要透過空揮練習來精進，大家一起勤加練習吧。

**Question**

Q　空揮的時候要注意什麼？

Answer

A　要一邊想像球的軌道與高度等等，一邊揮棒。

空揮不只是揮動球棒，要當作真的有投手投球過來，想像
著球路、高度……再揮棒。

 揮棒練習

⚾ 在鏡子前空揮

在大鏡子前空揮。改變站的位置，換各種角
度調整自己的揮棒方式。

⚾ 投打練習

練習打擊其他人餵的球。請對方變換軌
道或高度，讓人能分辨好球和壞球。

⚾ 拋送打擊

練習打擊別人拋來的球。
要看清楚球，努力用球棒
的打擊中心打中球。

從下方將
球慢慢拋
出。

受傷時如何急救？

正確的急救方法

在練習和比賽中，常會遇到各式各樣的運動傷害，例如被球砸到、扭到腳⋯⋯
所以學會正確的急救方法非常重要。

⚾ 如果球大力的砸到身體⋯⋯

若被擦棒球或平飛球砸到身體的話，可能會受傷。

這時要馬上冰敷被砸到的部位。如果紅腫一段時間沒有消退，表示可能已經骨折，要趕快到醫院接受診療。

跑壘中的挫傷、拉傷、手指扭傷等也一樣，要馬上在受傷的部位冰敷。

如果是被球或球棒打到頭，狀況就嚴重了。先讓傷患好好休息，不要亂動，然後馬上叫救護車。

馬上冰敷很重要。

⚾ 如果感到暈眩或想吐⋯⋯

如果感到暈眩或想吐，必須馬上停止練習。那是中暑常見的症狀，所以先移動到涼快的陰影處，解開衣服好好休息。如果喝了運動飲料補充水分後，還是沒有好轉，就去醫院接受診療。

炎熱的日子要當心中暑。

第4章 加強守備！

春季小組賽
第一戰
野馬隊對紅牛隊

三振出局！
攻守交換！

唔，糟了！

漏接

右外野手齊史的失誤，造成一出局，一、二壘有人。

打中了！是緩慢的滾地球！

慢慢滾……

轉

砂

這次一定要拿下出局數！

小透！不要硬拚，傳一壘。

指

你在比賽中的任性舉動，讓大家的努力都白費了！

……我很抱歉。

小透，你別沮喪。

腳步沉重……

你說教練？

我想相馬教練也是為你著想，才會對你這麼嚴厲……

小透！

聽那種連教練都沒當過的人指示，會贏才怪！

……

小透……他沒來練習……

隔天

真是的，實在受不了他！

相馬教練！我可以去看一下狀況……

不行！等練習結束再說。

小心！

受不了！你在這裡做什麼啊！

咦？成美……

橡膠球？

軟綿綿……

咚

啊！

……

拋

大家都很擔心你！

咚

咚

在前一所學校，肯定也有擔心你的人。

難道你又要重複同樣的錯誤嗎？

但是你滿腦子只想著自己！

等一下！小透！

成美，你太多管閒事了！

小透！

練習都要結束了，作為懲罰，你一個人來接我的球。

對不起，我遲到了！

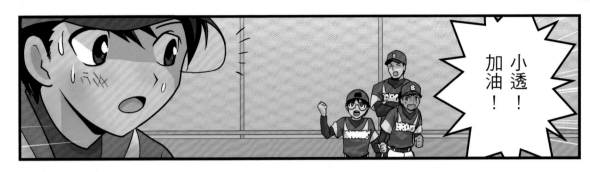

101

傳得好！
小透！

太棒了！

看來他總算認真
起來了！

怎麼樣？

102

……在我們這邊是二軍水準。

咦？

現在是這樣，不過……

在秋季大會，這支隊伍將會是黑馬。

呵呵……

內野手的守備

內野手的重要工作是確實的接捕滾地球。
為了以順暢的起跑動作移動到球的正面，應付各式各樣的彈跳球，務必要強加練習。

Question

接捕強勁滾地球的要訣是什麼？

Answer

迅速移動到球的正面，以身體擋住。

只靠手套接住強勁滾地球的時候，球常會落到身後或彈開。若想順利接住滾地球，應該迅速移動到球的正面。只要用身體擋住從正面飛來的球，即使球彈向前方，也有讓跑者出局的機會。

 基本的守備姿勢

以兩腳張開的自然姿勢讓膝蓋放鬆微屈，上半身微向前傾。

應對彈跳球的方法

彈跳球很難接，所以要在球快落地之際或是剛彈起的時候接捕。

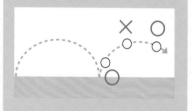

肩膀不要超過膝蓋。

不要駝背。

兩手放鬆，離開膝蓋。

膝蓋微彎，不要超過腳尖。

兩腳張開幅度略寬於肩膀，腳尖稍微偏向外側。

接滾地球的基礎

手套垂到地面。

腳不要
並在一起。

1

面對低彈跳的滾地球，要壓低身體，將手
套垂到地面。

2 ○

將右手放到手套附近，為了順暢的銜接投球動
作，右手像是蓋子一樣蓋到手套上。

強勁滾地球的接法

- -

1

放鬆力道，以壓低的姿勢靠近，正對著球。

2

直到最後都要緊盯著球，確實接住。即使球彈
出手套外，也會因撞上身體而落在前方。

迅速傳球到一壘的祕訣是什麼？

Answer

讓接球到傳球變成「連貫動作」，
小幅度的運用手腕力量投出去。

若要迅速傳球到一壘，重要的是將接球和傳球變成「連貫動作」。也就是說，接球的同時，雙腳與右手就已經開始做傳球的準備。另外，縮小動作幅度也很重要。詳讀左下的解說後練習看看吧。

⚾ 在壘上的觸殺

需要在壘上觸殺的時候，就按照下面的方法做。

1 兩腳跨在壘包兩側站好，準備接球。

2 閉緊手套，往朝著壘包前方滑過來的跑者靠近。

3 以手套背面觸碰到跑者的腳後，馬上揚起手套。

碰到滑壘時，牢牢閉緊手套以防球掉下去。

4

朝投球方向用力揮動手臂，並運用手腕的力量將球投出。

106

⚾ **常見的錯誤接球方式**

✕

視線離開來球
要是因為在意跑者
而使視線離開球，
容易出現失誤。

✕

腰部過低的姿勢
如果身體重心壓在
後方、腰部過低的
話，會無法應對彈
跳球的變化。

 從接球到傳球的基礎示範

1

移動到球的正面，左腳在前，
進入接球姿勢。

2

接球的同時迅速將球握好，朝
投球的方向跨出一步。

3

將重心從右腳移動到左腳，同
時手肘迅速拉向後方，左腳朝
投球方向筆直踏出。

外野手的守備

外野手的重要工作是確實接住飛往前後左右的球。

透過練習，可以在遇到高飛球時，用眼睛和耳朵迅速判斷球的去向，搶先趕到球的落點。

Question

 追上飛往後方飛球的祕訣是什麼？

Answer

打擊的瞬間就先預測球的落點並起跑，
一邊越過肩膀看球，一邊率先到達落點。

外野手必須以球棒打到球時的聲響，或是球飛起的角度，判斷球會往哪個方向飛，並馬上起跑。要是等球接近才開始追，就來不及了。

4

不是跟球一起跑，而是搶先到達球的落點（預測點）等待。

 基本的守備姿勢

1 雙膝微彎。

2 兩腳腳尖稍微向外。

3 身體重心在打者準備打擊的瞬間平均移動到兩腳腳尖。

4 視線不要離開打者，看清楚對方揮棒的時間。

重心移動到腳尖。

⚾ **如何處理撞上圍牆回彈的球**

1 預測撞上圍牆回彈的球會彈往哪個方向後，盡量接近圍牆。

2 側身用雙手接球，同時身體轉向戴手套那一邊，視情況傳給隊友。

3 有兩個外野手追球的時候，一個人接球，另一個人則大聲指示該將球傳向哪裡。

⚾ **如何追上飛往後方的飛球**

1

2

3

面對飛往左後方的球起跑。（面對飛往右後方的球則將右腳往後拉。）

一邊越過肩膀看著球，一邊往後方跑。

Question

如何迅速將球
傳回內野？

Answer

運用接球時前進
動作的力量，
快速將球回傳。

在二壘有人又被打出安打，或是三壘有人又被
打出外野飛球等情況下，外野手的火速回傳會
成為阻止對方得分的關鍵。讓我們一起學習運
用接球時身體向前移動的力量，投出快速的球
吧！追在球後面跑可能會漏接喔。

5

踏出左腳，帶動右手
往後拉。

6

運用全身力量以上
肩（從上方）投出
強勁的傳球。

絕對不要讓球落到後方

外野手處理滾地球時如果出錯
漏接，可能會導致對手多進佔
壘包。
常見的失誤通常是太急著將球
回傳內野，而在接到球之前就
抬起頭了。
正確的方法是，直到確實將球
收進手套裡，絕對不要移開視
線。

在確實接到
球之前，視
線都不能離
開球。

⚾ **飛球的接法**

1 迅速移動到球的落點，在球的正面就定位。

2 在落點的2～3公尺前，踏出左腳並進入接球姿勢。

3 用雙手接住球，同時右腳往前踏。

4 以踏出的右腳為軸，左腳朝著傳球方向筆直踏出。

⚾ **滾地球的接法**

1 朝著球全力前進，在球附近稍微減速，維持平衡。

2 要像是把球從下往上撈一樣，接捕低彈跳的滾地球。

3 舉起手套，把球握好。

4 跨步的同時調整傳球姿勢。

投手的守備

投手等於是第五位內野手，投球結束後要馬上進入守備姿勢。
因此在投球練習之外，也要做守備的練習。

 往一壘補位

若滾地球滾往一壘，投手不要等看清球的去向才行動，而是先往一壘方向起跑。此時並非一
直線跑往一壘壘包，而是跑往壘包前約 3 公尺，接著與邊線平行奔跑，很容易就能接到球。

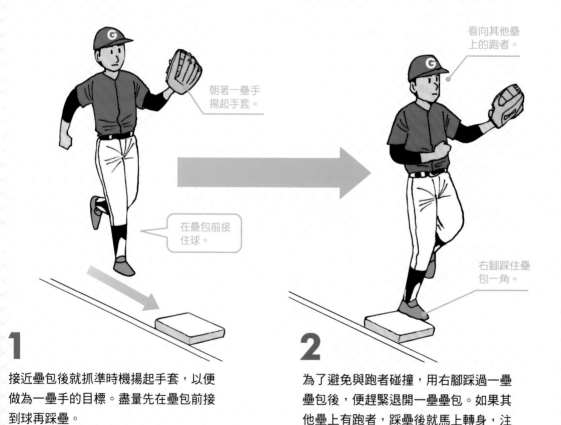

朝著一壘手
揚起手套。

在壘包前接
住球。

看向其他壘
上的跑者。

右腳踩住壘
包一角。

1

接近壘包後就抓準時機揚起手套，以便
做為一壘手的目標。盡量先在壘包前接
到球再踩壘。

2

為了避免與跑者碰撞，用右腳踩過一壘
壘包後，便趕緊退開一壘壘包。如果其
他壘上有跑者，踩壘後就馬上轉身，注
意跑者的動靜。

處理觸擊球時，最重要的是什麼？

不要為了急著傳球，視線就從球上離開。

處理觸擊球時，常見的失誤原因是沒有把球握好，或是暴傳。讓我們來練習確實接捕，然後迅速傳向捕手指示的壘位。

 觸擊球的處理方式

1
投球後迅速往前衝刺，正面迎向來球。

2
視線不要離開球，以兩手接住。

3
面朝捕手指示的壘位方向，筆直踏出左腳，然後傳球。

捕手的守備

捕手是守備的中心。從接住投來的球,到對內野手、外野手發出守備站位的布陣指示,阻止盜壘、傳球補位等等,必須澈底掌握各種工作。

Question

如何成為受到投手信賴的捕手?

Answer

做好接球姿勢以方便投手投球,並確實接住球,就是令投手安心的捕手。

對捕手來說,最重要的技術就是確實的接捕。如果令人有「無論什麼樣的球,捕手都接得住」的安心感,投手就能盡情投球。也要好好練習接捕經過一次彈跳的球喔。

4

將手套靠向球的前方。直到確實接住球為止,視線都不要離開球。

5

維持壓低的姿勢將右腳往左腳後方跨一小步。

6

左腳朝傳球方向踏出,迅速傳球。

⚾ **基本姿勢**

1 兩腳張開幅度略寬於肩膀。右腳往後退半步，
腳尖偏向一壘方向。

2 半蹲，腰部微抬。左腳重心在腳掌，右腳重心
在腳尖，保持平衡。

3 以食指朝上的手勢擺好手套。右手輕輕將拇指
握在內側，放在右腳腳踝附近。（這是為了避
免擦棒球擊中手指造成受傷。）

4 直到投手的球出手為止，手套都一直放在目標
位置不要動。在球到達的瞬間，才稍微揚起手
套接住。

5 接球後，迅速用右手拿起球。

⚾ **處理觸擊球的方法**

1 確定打者會觸擊時，前進做好
準備動作。

2 一見球滾出去，馬上摘掉面罩
去追球。

3 身體移動到球的左側，兩手靠
近球。

Question

Q 不漏掉捕手上方飛球的訣竅是什麼？

Answer

A 移到球落下的落點接球。

捕手上方的高飛球有時候也會被風影響。迅速移動到落點，將身體轉向球落下的方向接球。

◯ 在本壘上觸殺的方法

1 為了避免妨礙跑壘，直到接到球之前，都要空出跑壘空間。

2 左腳腳尖朝著跑者的方向，放在本壘的左角前方。膝蓋彎曲，身體前傾，保持平衡準備接球。左腳彎起，同時身體下壓。

3 兩手牢牢按住球，用手套背面碰觸滑壘過來的跑者的腳。

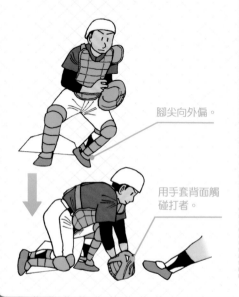

腳尖向外偏。

用手套背面觸碰打者。

◯ 捕手上方飛球的接球方式

1 當球飛往上方，拿掉面罩站起來，看準球的方向後，將面罩朝反方向丟開，避免踩到。

2 移動到落點，身體轉向球來的方向，手套斜放在前方，準備接球。

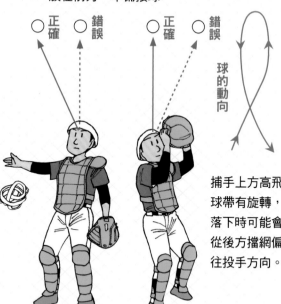

◯正確　◯錯誤　　◯正確　◯錯誤

球的動向

捕手上方高飛球帶有旋轉，落下時可能會從後方擋網偏往投手方向。

本壘後方擋網前的飛球
不可以讓球在頭部正上方。

內野防區內的飛球
如果無法在球飛來之前改變姿勢，就讓球的位置保持在頭部上方。

狀態不佳的時候怎麼辦？

脫離低潮的方法

突然打不到球、忽然投不出好球……大家有沒有遇過這種狀況呢？
讓我們記住脫離這種低潮的方法吧。

⚾ 回到初衷好好練習

有時候會突然一直打不到球，或是投不出好球，此時回到初衷好好練習很重要。

可以藉由跑步或打擊練習、空揮、甩毛巾等基本練習，一點一點恢復原來的狀態。

此外，透過觀看以前狀況好時的照片或影片，在腦中模擬、想像狀況良好時的感覺也很有用。

做基本練習！

看以前的
影片！

⚾ 轉換心情，讓心態轉為積極正向

當狀態變差，就容易陷入悲觀的想法。這時候，轉換心情很重要。

可以和隊友像玩遊戲一樣的比賽，也可以踢足球、打籃球……進行一些棒球以外的運動。漸漸的，心情開朗起來，心態自然會變得積極正向。多嘗試幾個方法吧。

做打棒球以
外的事轉換
心情！

第**5**章 實戰中的投球與守備

秋季小組賽
第一戰
美洲豹隊對野馬隊

第五局結束，
野馬隊領先。

TEAM	1	2	3	4	5	6	7
美洲豹隊	2	0	0	0	0		
野馬隊	1	0	0	2	0		

嘿呀！

呼、呼……

六局上半，
美洲豹隊進攻。
兩出局，壘上無人。

右外野安打

沒問題！兩出局！

兩出局！

可惡……

嗯！

好！讓他們打出去，造成出局！

中外野安打

暫停！

鳴鳴……

很好！

哇啊啊啊

你要多用偏高的內角球。

是！

對方抓著偏低的外角球打。

120

兩出局，滿壘……

接下來也用內角球進攻！

別在意！要是害怕投出觸身球，哪有辦法當投手。

好！

界外球！

鏘

很好！

抬

最後……

太棒了！

砰

是外角低球！

三振出局！

124

六局上半零失分

但是在六局下半，野馬隊一不小心就三人出局了。

	1	2	3	4	5	6	7	8	9	
美洲豹隊	2	0	0	0	0	0				2
野馬隊	1	0	0	2	0	0				3

喀鏘

在領先一分的情況下來到最後一局……好緊張喔！

125

別在意啦！

在那之後，我們每天都很努力練習啊！

對方會用觸擊，以一出局換取推進到三壘，目標是取得同分！

二壘手進到一壘補位。

我打出暗號後，投手和一壘手在投球的同時前進，

咻

喝

好！

嗶嗶

指

傳一壘！

接

出局！

接

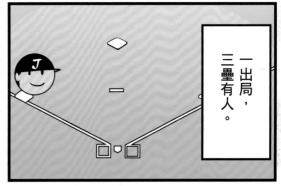

一出局，三壘有人。

下一位打者有可能執行強迫取分，所以我們要慎重防守。

內野所有人趨前守備，

如果是正面的內野滾地球，就讓他在本壘出局！

這樣就對了。

好！

擊

盯

嘿呀！

舉

喀

6 鏘

啊！

竟然揮棒了！

挪……

跑

齊史！

好！我來接力！

噠

131

135

團隊守備的基本

選手一個人的守備練習很重要,但模擬實戰的團隊守備練習也不可少。
讓我們記清楚各個守備位置的職責吧。

Question

Q 接捕飛球時,發出「ＯＫ」喊聲的時機是什麼時候?

Answer

A 在判斷自己能確實接住的瞬間。

比賽中出現飛球的時候,常常會發生兩個選手相撞導致掉球的狀況。因此,準備接捕飛球的選手才會喊「ＯＫ」,不過在風大的日子,也有可能漏接,所以直到判斷確定能接到球之前,都不宜太早喊出「ＯＫ」。也可以用吆喝聲,或是「我來」等等,全隊一起決定一種喊聲吧。

OK!

補位的基礎

1 選手之間要喊聲知會彼此。

2 到空下來的壘位補位的選手要視封殺或觸殺來改變姿勢。

3 眼睛仔細確認跑者是否確實踩到了壘包。

※封殺:比跑者更早碰觸到必須進壘的壘包,讓打者出局。

※觸殺:碰觸跑者(直接接觸),使對方出局。

防範守備失誤的補位

1 假設有失誤,其他選手前往支援要處理來球的選手。

2 假設有暴傳,其他選手前往支援準備接球的選手,在牽制的情況也一樣。

3 除了死球狀態以外,包括傳球給投手在內,所有狀況下都要準備支援。

※死球狀態:比賽暫停的狀態。

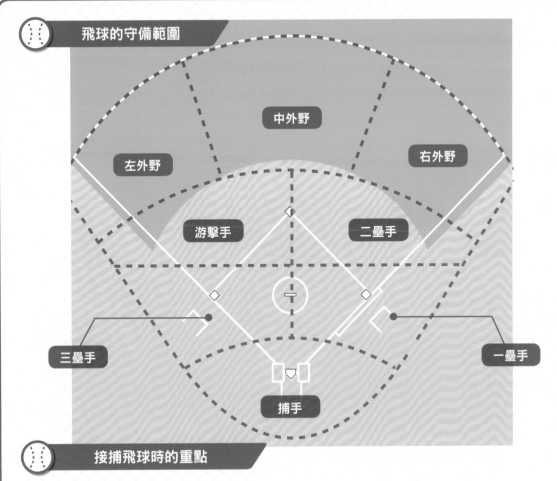

飛球的守備範圍

接捕飛球時的重點

1 準備接球的選手要數度大聲喊出「ＯＫ」。

2 若飛球飛到兩個外野手之間，兩個選手都要全力追球，判斷自己能接到球的選手要大聲喊出「ＯＫ」。先喊聲的選手負責接球，聽到聲音的選手則要看著準備接球的選手，注意不要相撞。

3 若飛球飛到兩個內野手之間，那兩人以外的選手要看著球並指示由誰來接。
※內野手：指一壘手、二壘手、三壘手和游擊手。

4 飛往投手丘附近的飛球由幾位內野手跟投手一起追，其中一人向看起來最容易接到球的選手發出指示。

5 飛往一壘後方的飛球是二壘手較易接捕，飛往三壘後方的飛球則是游擊手較易接捕。

防範守備失誤的補位陣式

為了防止跑者在球傳偏時多進佔壘包,所以必須練習防範守備失誤的補位。
讓我們記住各個守備位置的動作吧。

❶ 投手	❷ 捕手	❸ 一壘手	❹ 二壘手	❺ 三壘手
❻ 游擊手	❼ 左外野手	❽ 中外野手	❾ 右外野手	

三壘的補位

因飛球往左外野方向,二壘跑者準備上到三壘的時候,為了防範暴傳,投手❶要移動到傳球的延伸線上補位,盡量遠離壘包。捕手❷前進,一面發出指示,一面守住本壘。

本壘的補位

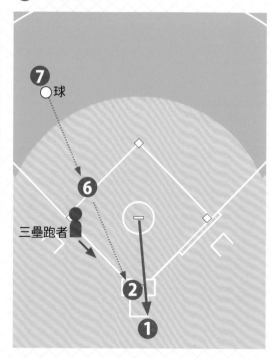

當三壘跑者因外野飛球而準備朝本壘前進,為了防範暴傳,投手❶要移動到傳球的延伸線上做本壘的補位。游擊手❻準備轉傳,捕手❷發出「攔接」或「不攔接」的指示。

※轉傳:多人的接力傳球。

→ 野手動向　→ 打者、跑者動向　·····▶ 球的動向

Question

離球很遠的野手站著不動就好嗎？

Answer

要前往補位。

實戰守備中會發生各式各樣的事，像是內野滾地球漏接、暴傳的球滾到界外……所以就算不會直接處理到球的選手，也要時時設想所有可能發生的狀況，到空出來的壘位補位。

⚾ 一壘的補位

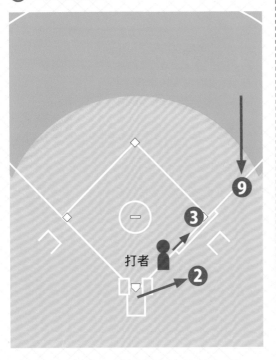

若是內野滾地球，為了防範暴傳，捕手❷和右外野手❾要前往一壘手❸後方補位。

⚾ 二壘的補位

一壘跑者

跑者在一壘時出現內野滾地球，或是跑者盜壘準備推進到二壘，為了防範暴傳，外野手❼❽❾也要前往補位。

防觸擊布陣

對方準備觸擊的情況下，用以阻止跑者進壘的守備就是「防觸擊布陣」。
讓我們記住各個守備位置的動作吧。

Question
防觸擊布陣應該在什麼時候展開？

Answer
趨前守備之後到投手投球的前一刻，所有人一起行動。

採取防觸擊布陣的時候，如果太早動作，打者可能會收打。內野手趨前守備之後，等投球的同時再移動到防觸擊布陣的位置。打者如果擺出觸擊姿勢，外野手也要為了補位而移動。

※收打：從觸擊的姿勢轉為揮棒打擊。

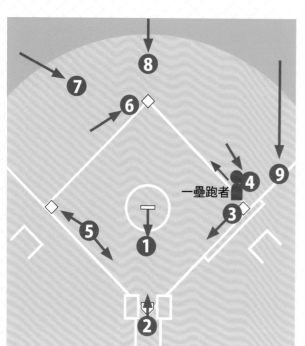

跑者在一壘時的基本防觸擊布陣

❶ 投手：投球後迅速前進。
❷ 捕手：觸擊後處理擊出的球，或是指示傳球方向。
❸ 一壘手：待在一壘牽制一壘跑者，在投球前一刻前進。
❹ 二壘手：到一壘補位。
❺ 三壘手：在投球前一刻前進處理。若不用處理，馬上回到三壘補位。
❻ 游擊手：一面朝二壘前進，一面確認是否會觸擊，當打者觸擊就迅速前往二壘。
❼ 左外野手：到二壘補位。
❽ 中外野手：到二壘補位。
❾ 右外野手：到一壘補位。

━▶ 野手動向　━▶ 跑者動向　┄┄▶ 球的動向

⚾ 跑者在二壘時的基本防觸擊布陣

❶ 投手：投球後馬上前進。

❷ 捕手：觸擊後處理擊出的球，或是指示傳球方向。

❸ 一壘手：前進守備，投球前一刻馬上前進。

❹ 二壘手：前往一壘補位。

❺ 三壘手：趨前至離三壘約 3 公尺處，防範打往三壘方向的球。當投手、一壘手、捕手可以處理觸擊時，全力回到三壘。

❻ 游擊手：一面牽制二壘跑者，一面看著球，前往二壘補位。

⚾ 跑者在三壘時的基本防觸擊布陣

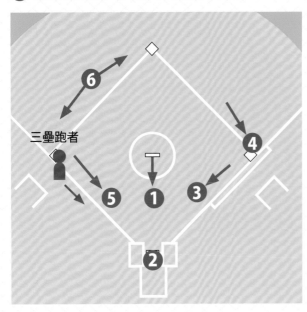

❶ 投手：投球後馬上前進。

❷ 捕手：觸擊後守住本壘，做好雙殺準備。

❸ 一壘手：前進守備，打者一做出擊球預備動作就迅速前進。

❹ 二壘手：前往一壘補位。

❺ 三壘手：一面牽制三壘跑者，一面快速前進。若跑者打算回壘，就準備夾殺。

❻ 游擊手：前往二壘補位。在三壘與本壘之間發生夾殺的時候，前往三壘補位。

※夾殺：多位守備球員來回跑動傳球，觸殺在兩個壘包之間的跑者。

雙殺

可以一次取得兩個出局數的雙殺是內野手展現技巧的時刻。
讓我們來學習如何巧妙移動到二壘吧。

Q 雙殺的時候，怎麼避開跑者？

A 接到球後，盡量從離壘包有段 距離的位置傳球。

內野滾地球的雙殺有時候會因為在意滑壘的跑者，結果對一壘暴
傳，因此要盡量從離壘包有段距離的位置傳球。此外，也要進行
傳球後輕輕跳躍的練習。

◯ **雙殺的注
意事項**

判斷來不及傳球到
一壘時，就不要傳
球，否則有可能導
致傳球失誤。

4
往一壘方向強力揮動手臂，
運用手腕力量傳球。

5
跑者滑壘時，傳球後輕輕跳起。

⚾ 游擊手到二壘補位（二壘方向滾地球／一壘方向滾地球）

盡量離開跑者路徑。

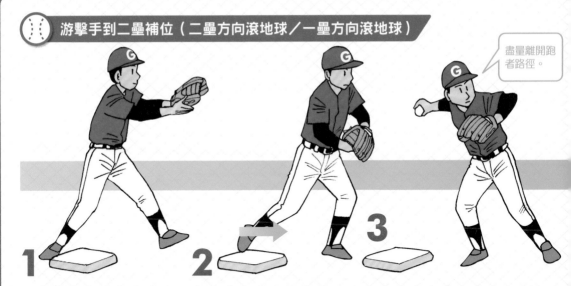

1
左腳朝向壘包外側踏出一步，跨在壘包兩側，一面移動一面接住傳來的球。

2
接住球的同時，右腳腳尖像是拖住壘包般碰觸壘包一角。

3
觸碰壘包的右腳跟左腳各跨一步，此時盡可能離開跑者的路徑，並在右腳著地的同時，左腳朝一壘方向筆直踏出。

⚾ 二壘手的二壘守備（三壘方向滾地球／游擊區方向滾地球）

1
二壘手從壘包右側繞到壘上。

2
左腳踩壘，右腳朝前方踏出一步，接住傳來的球。

3
以右腳為軸，身體扭向左側，右手往後拉。

接力傳球與轉傳

接力將外野手的傳球一直線傳往跑者要前進的壘包，就叫「接力傳球」。
中途攔接外野手傳來的球讓其他跑者出局，就叫「轉傳」。

Question

Q 接力傳外野手的球時，
應該注意什麼？

Answer

A 要站在外野手與壘包
連成的一直線上。

大大張開
雙手。

準備轉傳外野手的球的選手（傳接手）要移動到外野手與跑者前進的壘包所連
成的一直線上，大大張開手以做為外野手的傳球目標。一旦側身接住球，就立
刻傳球，如果已經來不及，馬上轉而向其他壘傳球的判斷力是很重要的。

⚾ 接力傳球時的傳球

1 戴手套那一側的腳往後退，
以手肘在體側微屈的狀態側
身接球。

2 放鬆的朝傳球方
向跨步。

3 戴手套那一側的
腳朝傳球方向筆
直踏出。

4 用力揮動手臂，
迅速傳球。

⚾ 接力傳球的守備位置範例

二壘有人，左外野方向安打
三壘手❺移動到左外野手❼與捕手❷連成的直線
上接力傳球。游擊手❻到三壘補位。

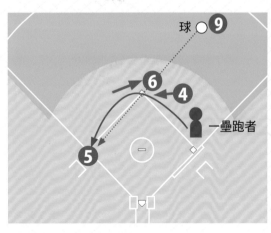

一壘有人，右外野方向安打
游擊手❻移動到右外野手❾與三壘手❺連成的直
線上接力傳球。二壘手❹守住二壘。

⚾ 轉傳範例

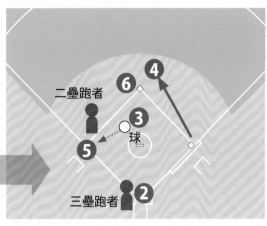

一出局，二、三壘有人，中外野方向飛球
為了讓觸壘再起跑的三壘跑者出局，一壘手❸移
動到中外野手❽與捕手❷連成的一直線上轉傳。
視擊球方向，二壘手❹與游擊手❻的其中一人往
二壘補位，另一人當傳接手。三壘手❺注意跑者
是否離壘。
來不及回傳本壘時，捕手❷下判斷後做出指示。
攔接到球的一壘手❸馬上向三壘傳球，讓意圖前
進到三壘的跑者出局。

→ 野手的動向　➡ 跑者的動向　‥‥▶ 球的動向

MANGA **BASEBALL** PRIMER

夾殺

在兩個壘之間包夾跑者就叫夾殺。
讓我們來學習如何確實讓被包夾的跑者出局吧。

Question

Q 要讓包夾的跑者出局時,應該注意什麼?

Answer

A 小心不要用球砸到跑者,
在壘線內外的同一側追逐跑者。

位置不要
和跑者重
疊!

夾殺時,有時候會因為野手(守備選手)和跑者的位置重疊,導致球不小心砸到跑者。隊友之間要常常練習在壘線的內側或外側的同一側追逐跑者。

⚾ **夾殺的範例**

要使強迫取分失敗,讓三壘跑者出局的情況:

三壘手**5**與捕手**2**包夾住跑者後,游擊手**6**或是二壘手**4**到三壘補位,一壘手**3**與投手**1**立刻到本壘補位。其他選手也要前往補位。

在不會和跑者重疊的位置,將球高舉讓隊友看清楚,並包夾跑者。一靠近跑者就小心不要弄掉球,確實觸殺跑者。

━━━▶ 野手的動向　━━━▶ 跑者的動向　┈┈┈▶ 球的動向

和隊友一起做！
小祕笈
COLUMN

如何避免比賽中的失誤？

採取行動前做好準備

就算認真做守備練習，比賽中還是會有失誤。
為了擺脫失誤，採取行動前做好準備很重要。

⚾ **減少因緊張或著急導致的失誤**

常見的失誤原因是比賽時在緊張或著急
的情況下做出錯誤反應。比方說，大家是否
曾經因為著急，在球進入手套前就移開了視
線呢？

隨時保持冷靜相當困難，但還是要時時
確認當下的狀況，做好心理準備。這樣就能
更沉著的應對。

⚾ **將風和場地的狀況記在腦中**

漏接飛球的原因有時候是風的影響。

進入守備之前，要先看好旗子飄動的方
向，把風向記在腦中。能預測出球會被吹到
哪個方向再去追飛球的話，就能減少接球失
誤。

另一方面，滾地球處理失誤的原因之一
是彈跳會隨場地狀態改變。滾動速度不只是
因地面乾燥或潮溼而有所不同，也會因為凹
凸不平導致不規則彈跳。

因此，為了減少滾地球的處理失誤，先
確認場地狀態也很重要。

在腦中確認當
下的狀況！

也要確認場
地狀態！

第6章 實戰中的攻擊與跑壘

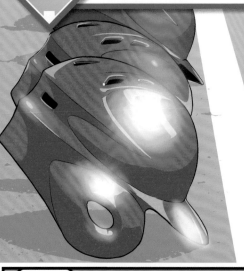

春季小組賽
第一戰
野馬隊對勇士隊

啉

我們終於要對上
勇士隊了。

球速果然很快～

對啊，
真期待！

喂，
你們看
那邊。

他跟教練
是什麼關
係？

相馬教練和勇士隊教練認識。

咦?

其實,相馬教練在大學的時候當過投手。

哦!那個教練竟然……

那麼厲害的人,為什麼會答應擔任我們的教練?

聽說他曾以選秀狀元的身分進入職業棒球隊,卻因為肩膀出狀況而不得不退役……

打少棒的時候,相馬教練和西条的父親是競爭對手。

西条的父親沒能成為職業選手,但一直在當地擔任少棒教練。

自從相馬教練退役後,就一直躲避著棒球,

但跟西条的父親重逢後,他似乎受託為地方上的少棒盡一分力。

149

……不，並不是受他請託的緣故。

那一天，看到你們純粹享受棒球的模樣，讓我明白，

我果然還是無法離開棒球。

跟我一樣！

喀鏘

為了教練，我們一定要贏！

知道這件事後，就不能打出不像樣的比賽喔！

啪 沙

鏘

哐

西条果然厲害！

喀 鏘

哐

說得對，棒球不是一個人的運動，而是團隊運動。

比賽前氣勢就輸人一截，那怎麼行！

是！

隨時都要把勝利當成目標，專注於比賽！

砰

好快！

比賽開始！

一局上半，野馬隊先攻。

一局下半，勇士隊後攻。

唰

氣勢洶洶

三上三下

投得好，健太！

無人上壘

砰

二局下半

四號，投手西条。

TEAM 1 2
野馬隊 0 0
勇士隊 0
3 4 5 6 7 8 9

轟 轟 轟

壞球！

健太！讓他打斷球棒吧！

啪

咻

保送！

咚

放鬆力道！

受對方挑釁就輸了！冷靜的上吧。

啪

竟然逃避了！

膽小鬼！

可惡……

出局！

接

投得好，健太！

咚

鏘

啪

之後兩隊也同樣無法得分，

就這樣來到四局上半，野馬隊進攻。

2 3 6

0 0 0

勇士隊 0 0 0

噠

快跑！

是不死三振！

啪

糟糕！

揮

安全上壘！

啪

瞪

咻

咚

那傢伙的牽制也很高明呢。

隊裡最讓人期待的是齊史，不過，現在是不是該用觸擊呢？

小透的腳程很快，也可以採用打帶跑的戰術……

一出局，一壘有人。

壓

不過我還是要跑！

糟糕！

嗆

哐

啪

雙殺，攻守交換！

出局！

機會還會再來。你們要調整好心情，專注於比賽。

不，是觸擊失敗的我不好。

很抱歉，我不該衝出去。

四號西条
這次別逃喔!

五局下半,
兩出局。

TEAM	1	2	3	4	5	6	7
野馬隊	0	0	0	0	0		
勇士隊	0	0	0	0			

2 3 4 5 6 7 8 9

笑

啪

投內角偏高好了。

喀

啪沙

鏘

我收下了!

勇士隊 1：0 野馬隊

別在意，健太！

我們一定會把分數贏回來！

不管保送還是不死三振都好……

健太，加油！

TEAM	1	2	3	4	5	6	7	8
野馬隊	0	0	0	0	0	0		
勇士隊	0	0	0	0	1	0		

七局上半，野馬隊最後的進攻。

只有一分之差！想點辦法吧！

無論如何都要上壘！

快落地！快落地！

落地了！

咚

鏘

二壘安打！太棒了，健太！漂亮的跑壘！

唰

小透，繼續下去！

跑

跑

跑

咻

下了「等待」的暗號。是為了觀察對方的守備嗎？

抬

噠

一好球！

啪

噠

守得這麼淺，要觸擊可是相當困難……

啪

驚

緊握

緊握

好，我就用力揮棒，成為英雄吧！

砂

要我揮棒！

小透！要讓攻勢延續到下一棒的齊史！

驚

沒錯！

握

棒球是團隊運動。

噠 噠 噠 噠

咻

啊！

至少要打出飛往二壘方向的滾地球！

趨前守備使得一壘補位遲了！

跑跑跑跑……

安全上壘！

太棒了！

成功了！小透選擇了以團隊為重的打擊！

162

如我所想，你打造出一支很棒的隊伍了。

無人出局，一、三壘有人。對方有可能執行強迫取分，我們採趨前守備吧。

抱歉……

不是都說他也可能揮棒嗎？

怎麼可以在這種地方落敗！

抓

我這樣的人……

全壘打！

喀

鏘

哐

鏘

界外球！

可惡！

用力

我的球竟然會被打那麼遠……

糟糕！

太棒了！
同分！

踩

一壘出局！
一出局，
二壘有人！

啪

還只是同分，
我們再拿下兩出局，
在七局下半送他們上
路吧。

好！

咦？
這個暗號
是……

抬

走………

用力

竟然在這時候盜壘！

嗱

咻

嗚！

小透，跑得好！

是阿亮的空揮立功了！

唰

安全上壘！

一出局，跑者在三壘，這種情況下也要小心強迫取分。

這球很甜！

不會讓你得逞！

太棒了！穿過去啦！

野馬隊在最後一局逆轉！

跑壘的基礎

實戰中的跑壘技巧會使得分機率大大提升。
要先做好準備，以便在守備方面稍有疏忽時用積極上壘彌補。

Question

繞壘時該踩哪裡？

Answer

踩壘包內側的角。

繞壘朝下一壘前進時，先踩壘包內側的角再小幅度繞過。從壘包前方往壘線的右側跑，像畫圓一樣繞過去，就能不降低速度的繞過壘包。（如果是移動式壘包，就踩壘包的正中央。）

 打者跑者衝過壘包的位置

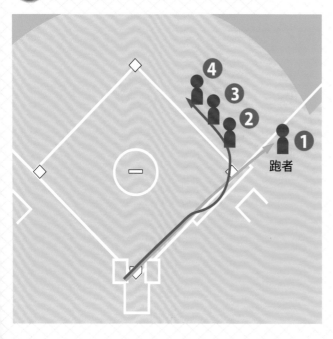

跑者

❶ 內野滾地球：衝過壘包。

❷ 右外野方向安打：從本壘與一壘壘包中間開始向壘線的右側跑，繞過壘包後，若右外野手進入投球姿勢，就回到一壘。

❸ 中外野方向安打：繞過一壘壘包後，比右外野方向安打的時候更往二壘方向前進一點。

❹ 左外野方向安打：前進到一壘壘包與二壘壘包中間。如果外野手接球失誤，就積極搶攻二壘。

➡ ➡ 打者、跑者的動向

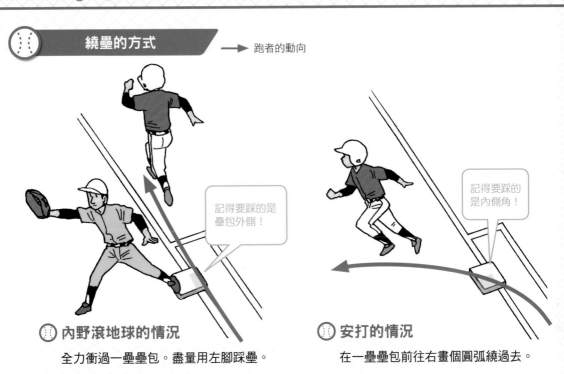

繞壘的方式

→ 跑者的動向

記得要踩的是
壘包外側！

記得要踩的
是內側角！

◯ **內野滾地球的情況**

全力衝過一壘壘包。盡量用左腳踩壘。

◯ **安打的情況**

在一壘壘包前往右畫個圓弧繞過去。

跑壘指導員的指示（二壘到三壘、三壘到本壘的進壘）

◯ **要阻止進壘**

大大攤開雙手。

◯ **要跑者進壘**

大幅轉動手臂。

離壘

跑者大幅離壘會對投手施加壓力，導致對打者的注意力分散，這也是很重要的目的。
一起來學習離壘的基本做法吧。

什麼是安全離壘的距離？

離壘距離保持在投手投牽制球時，
可以及時回壘的安全距離。

不會在投手牽制時出局的離壘距離就叫「安全離壘距離」。但是根據投手的牽制高明與否、是左投手還是右投手、跑者的瞬間爆發力等等，這個距離會有所不同。好好練習，找到自己的安全離壘距離吧。

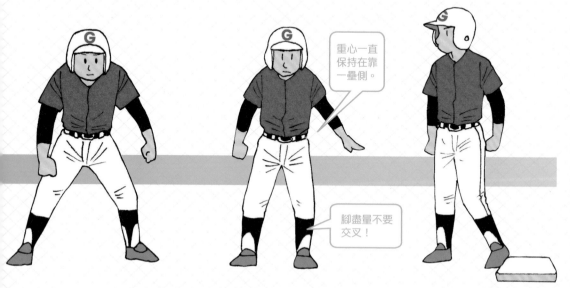

重心一直
保持在靠
一壘側。

腳盡量不要
交叉！

投手採取固定式投球的姿勢時，保持安全離壘距離。

⚾ 安全離壘距離的基礎

即使被牽制也能回到壘包的安全離壘距離大約
是「身高＋手的長度＋一步的大小」。

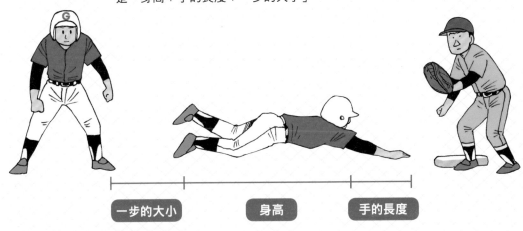

一步的大小　　　　身高　　　　手的長度

⚾ 離壘的方式

當投手進入投球動作，就從安全離壘距離變成最大離壘距離（球一旦被捕手接捕，就立刻
回到壘上的安全距離）。

滑壘

全力奔跑的人無法突然停止腳步。為了不要滑過壘包導致出局，
讓我們學會在不降低速度的情況下到達壘包的滑壘技術吧。

Question

Q 順利滑壘的訣竅是什麼？

Answer

A 不要太過靠近壘包，毅然決然踏步前滑。

滑壘時，毅然的下定決心很重要，在恰到好處的距離，就要起步滑過去。

彈性滑壘

為躲避野手的觸殺，用釘鞋腳尖勾住壘包一角的觸壘方法。

曲腿滑壘

為了盡快觸壘，一隻腳伸直，另一隻腳彎曲並滑向壘包的方法。

前身滑壘

用腹部直線往前滑，兩手或是單手觸壘的方法。用於因牽制回壘時。

⚾ 曲腿滑壘的做法（以左腳起步的情況）

以左腳起步，上半身後仰，腰部下壓。

左膝屈起，右腳伸直，兩手高舉。

坐倒在地，運用彎曲左腳的小腿肚到大腿後側往前滑。

⚾ 滑壘時的注意事項

● 不要太過靠近壘包，毅然踏下腳步。

● 一旦決定滑壘，直到最後都不要減緩速度。

● 身體放鬆，不要僵硬。

● 為了避免受傷，在伸手支地時以掌心支撐。

運用暗號的全隊攻勢

為了提升隊伍的得分能力，成功執行運用暗號的全隊攻擊很重要。
讓我們記住各式各樣的進攻模式吧。

 Question

Q 「打帶跑」與「跑帶打」哪裡不一樣？

 Answer

A 跑者起跑後，打者一定要揮棒的是打帶跑；
跑者起跑後，打者對好球揮棒即可的是跑帶打。

不管是打帶跑還是跑帶打，都是打者在跑者起跑的同時揮棒的作戰，然而執行作戰的狀況不同。打帶跑與球數沒有關係，是跑者起跑後打者必定要揮棒的作戰；另一方面，跑帶打是在打者的球數達到三壞球時執行。這個作戰是跑者在投球的同時起跑，投出的球若是壞球，打者就放過不打選擇保送，若是好球就打擊出去。

⚾ **打帶跑**

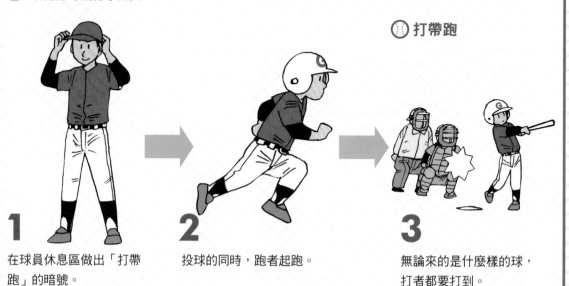

1
在球員休息區做出「打帶跑」的暗號。

2
投球的同時，跑者起跑。

3
無論來的是什麼樣的球，打者都要打到。

⚾ **壘上有人時的暗號作戰**　　※暗號作戰：運用暗號的團隊作戰。

1 打帶跑

投手一旦投出球，跑者帶著盜壘的心態起跑，而打者一定要打出滾地球。就算投來的球是壞球，打者還是要用球棒碰到球。

2 跑帶打（三壞球的情況下）

跑者在投手投球的同時起跑，打者碰到好球時一定要打出滾地球。投來的球若是難以判定好壞球，打者就要揮棒。

3 犧牲觸擊（84 頁）

打者在投手投球的同時擺出觸擊姿勢，投來的球若是好球就觸擊，若是壞球就不要觸擊。跑者在擊出的球落地的瞬間起跑。

4 打帶跑觸擊

跑者在投手投球的同時起跑，打者一定要觸擊出滾地球。用於守備方採取極端的防觸擊布陣時，或是跑者腳程較慢的時候。

5 強迫取分（跑者在三壘的情況下）

打者採取自然的準備姿勢，三壘跑者在投手投球的同時起跑，打者無論面對什麼球都一定要觸擊出滾地球。

6 收打

打者以觸擊的姿勢等待投手投球，內野手一前進就迅速將球棒後拉，打出越過內野手頭上或是穿過內野防區的球。在守備方採取極端的防觸擊布陣時執行。

7 盜壘

跑者在投手投球的同時起跑。打者擺出觸擊姿勢或空揮，以幫助跑者盜壘。

8 雙盜壘

跑者在一、二壘或一、三壘時，兩位跑者執行盜壘。若是在一、二壘，看到二壘跑者起跑後，一壘跑者再起跑；若是在一、三壘，當捕手針對一壘跑者的起跑朝二壘投球，三壘跑者就搶攻本壘。

9 打擊·等待

根據球數，可能會出現打擊或等待的暗號。

觸壘待跑

打者打出外野高飛球，守備方的選手接住球的瞬間，
跑者有時候會朝下一壘起跑，這就叫「觸壘待跑」。

Question

Q　　無人出局（或是一人出局），平飛球飛往外野時，
三壘跑者該如何行動？

A　*Answer*

迅速回壘，採取觸壘待跑的姿勢。

當可能形成安打的平飛球飛往外野，三壘跑者有時候會不小心衝出去。此時跑者要迅速回到三壘
壘包，採取觸壘待跑的姿勢。如果形成安打，即便從三壘也能迅速回到本壘；如果被接住，先觀
察外野手的位置與姿勢，只要有機會就可以起跑。

🔘 三壘跑者觸壘待跑的方法

1 左腳貼著壘包邊緣，右腳朝本壘方向。
身體重心放在右腳。

2 轉頭越過肩膀看著被擊出的球。

3 外野手接住球的瞬間，左腳一踢壘包起
跑。

4 因為外野手可能發生暴傳失誤，所以即
便三壘跑者覺得飛球距離太短來不及跑
回本壘，仍可以假跑引誘外野手傳球。

> 仔細看著
> 被擊出的
> 球。

重心放在
右腳。

🔘 從二壘到三壘的觸壘待跑

跑者在二壘時，打者打出外野高飛球，則球被接殺的瞬間即可往三壘起跑。建議把球打到右
外野時大膽推進。球打至左外野時因為離三壘太近，不要冒然起跑（除非外野手掉球）。

和隊友一起做！
小祕笈
COLUMN

腳程慢也能盜壘嗎？

精進盜壘技術

是否有人覺得自己腳程太慢不可能盜壘，因此放棄了呢？
就算是腳程不快的人，也能藉由磨練技術而成功盜壘喔。

⚾ 盜壘與50公尺短跑的速度是兩回事

腳程快對盜壘有利，這點無庸置疑，但是能迅速跑完50公尺短跑與成功盜壘是完全不同的事情。

例如，能不能大幅離壘，這和腳程無關，而是與能否在被牽制時回壘的瞬間爆發力有關。此外，滑壘時不減速的技術也和腳程無關。也就是說，要使盜壘成功，除了腳程以外，還包含各式各樣的條件。

事實上，在職業棒球之中，也有選手腳程明明沒有特別快，卻完成了許多次盜壘。

⚾ 磨練起跑與滑壘的技術

覺得自己腳程慢的人要先練習離壘和起跑。即使只是多靠近下一壘半步，或是提早起跑一點點，都能大幅提升盜壘成功率。反覆練習就能學會如何在滑壘中不減速。

反覆練習離壘、起跑與滑壘吧！

TEAM	1	2	3	4	5	6	7	8	9	10	R	H	E
野馬隊	0	0	0	0	0	0	2				2	3	2
勇士隊	0	0	0	0	1	0					1	4	1

野馬隊對勇士隊，在二比一情況下，七局下半來到兩出局。

只剩一個出局數了，偏偏二壘有人，打者是西条……

他要是打出安打就會同分，要是打出全壘打就是我們被逆轉輸球……

這時候果然還是要用保送戰術嗎……

178

怎麼辦？

……

一決勝負啦！
要是採保送戰術，
被下一個打者打出
不就糟糕透頂了！

等一下！
西条急著想奪回
自己的失分。
引誘他對壞球
揮棒吧！

吞口水

179

啪

哼……
反正肯定是
保送……

砰

直球……而且
還是正中央！

一好球！

好吧……

轟轟 轟轟 轟轟

嘿嘿，就是這樣！

笑

啪

那麼這一球……

好……好快！

兩好球！

砰

1

這是缺乏控球能力的我，經過大家的特訓而投出的球！

球數落後了……要是他再用那種球速投過來……

……沒錯！要冷靜下來。

翔！你一路走來累積了比誰都更嚴苛的努力。不要忘記這一點！

至今，我揮空的時候總是球棒偏高，那麼這次也會一樣……

下次我們可不會輸！

好，我很期待！

用力握

相馬教練，我們不想再犯下失誤了，請馬上進行特訓！

你打造了一支好隊伍呢。

笑

好！那麼一路跑回學校操場！

好！

●棒頭

🔵 球棒

球棒長度大約是

・1～2年級：66～73 公分

・3～4年級：73～78 公分

・5～6年級：78～82 公分

重量大約是

・1～2年級：400～450 克

・3～4年級：450～520 克

・5～6年級：520～600 克

實際揮揮看再做選擇吧。

●握把

●握柄

如果要打棒球，就需要手套與釘鞋等用具。

先選擇合身的，等身體成長後變得太小了，再買新的來替換。

●氣墊

🔵 釘鞋

釘鞋的氣墊分成橡膠製與塑膠製。低年級時最好選用柔軟的橡膠氣墊，升上高年級後再選用抓地力強的塑膠氣墊。

（照片是塑膠製的釘鞋）

🔵 安全帽

在少年棒球中，規定要戴能保護兩耳的帽型。和隊友共用即可。

⚾ 捕手用具

除了捕手手套一定要適合自己的手外,其他可以和隊友共用就好。

●捕手手套

●面罩

●護胸

●護膝

⚾ 手套

建議選擇無論是內野手或外野手任何守備位置都能使用的全方位手套。一定要適合自己的手。

贊助/美津濃股份有限公司

一定要記住！棒球術語解說

棒球有五花八門的專業術語，讓我們記清楚這些術語的意思與規則，看職棒的時候就能更加享受樂趣了。

③畫

工具人
可以守備數種守備位置的選手。

三呎線
跑者為了躲避野手觸殺，跑到超出壘線左右各三呎（約九十公分）以外的區域則出局。

④畫

不計球數
不計為好球或壞球的球。如兩好球後的界外球不計球數。

不規則彈跳
被擊出的球因球場地面不平整而不規則彈跳。

不舉臂過頭的揮臂式投球
投手的投球姿勢之一。投球時，兩臂不會高舉過頭。

牛棚
投球練習區。

中心打者
球隊中擔任第三、四、五棒的打擊者，是可以把壘上的跑者清光強力打者。

內野高飛球
無人出局或一人出局，有跑者在一、二壘，或是滿壘的情況下，打者打出只要內野手以普通守備動作即能接住的高飛球。就算沒接住，當裁判宣告為內野高飛球的那一刻，打者即出局。

內野防區
由本壘、一壘、二壘、三壘連成的四角形。

手腕投球
比起用肩膀或手肘，更著重於運用手腕力道的投球方式。

⑤畫

失分失誤
使敵隊得分的失誤。

左右開弓
左打與右打皆可的打者。

平飛球
打者擊出強勁、直線、不觸及地面的飛球。

代打
代替原本打擊順序的打者上場打擊的替補球員。

代跑
代替跑壘者跑壘的替補球員。

打序
即打擊順序。

打擊守備練習
有野手在各自守備位置上就定位的打擊練習。

⑥畫

守備練習
將球打到各人的守備位置。

安全離壘距離
跑者離壘的距離在不會因牽制球而遭封殺的範圍。

吊球

在跑者可能盜壘的時候，為了讓捕手能馬上傳球，故意投出偏離好球帶的球。

收棒

由於打者判斷錯誤而揮棒途中停止的狀態。

再見安打

後攻隊伍在最後一局下半或延長賽下半局打出超前分的安打，使比賽結束。

再觸壘

因外野高飛球而觸壘待跑的時候，一度離開壘包的跑者再度觸壘。

死球狀態

因暫停、打到球場外的界外球等，裁判宣告比賽暫停的狀態。

改守

變更守備位置。

判決

裁判的判定。

妨礙

妨礙守備與妨礙打擊的犯規行為。妨礙守備的跑者必須出局，若妨礙打擊，則打者保送一壘

妨礙跑壘

對跑者造成妨礙。若野手在未持球時妨礙跑者上壘，跑者即保送到下一壘。

夾殺

將跑者在兩壘包之間觸殺出局。

快速投球

有跑者在壘上時，投手不將腿抬太高就投出球的迅速動作。

投手犯規

投手的違規，例如中途停止投球動作，或是壘上有人時，腳未從投手板上退開就投出牽制球，這種情況下裁判會宣告犯規。在有跑者的情況下，所有跑者皆可進一個壘。

投捕搭檔

投手與捕手。

投球間隔

兩次投球之間的間隔，有時可以透過不規則的間隔，打亂打者的揮棒時機。

完封

在一場比賽中，從頭到尾都由同一位投手投球，而且沒有讓對方得分。

完投

在一場比賽中，從頭到尾都由同一位投手投球。

完全打擊

球員在整場比賽的過程中，擊出一壘安打、二壘安打、三壘安打與全壘打。

完全比賽

整場比賽中，沒有任何一名敵隊球員到達一壘，也就是不曾打出安打、投出四壞球、犯下失誤等，使對方沒有任何得分的比賽。

⑧畫

固定式投球

用雙手將球保持在自己身體前方再投出去的投球方式。壘上有人時，會用固定式投球以便投出牽制球。

奔跑中傳球

一邊跑一邊傳球。

奔跑中接球

一邊跑，一邊接被打擊出去的球。

兩好球後觸擊

在兩好球之後觸擊。若觸擊成界外球，打者三振出局。

兩分強迫取分

一次強迫取分中，一舉奪得兩分。

拉鋸戰

互奪分數、兩隊輪流領先的比賽。

活球狀態
比賽進行中的狀態。

後援投手
從比賽中途接手投球的救援投手。

封殺
讓強迫進壘的跑者到達下一壘前出局。

保險分
使比賽勝負比較無法翻盤的追加得分。

保送戰術
投手故意保送打者。

促請裁決
守備方的隊伍發現進攻方的隊伍有違規動作，向裁判主張應判出局。

（10畫）

捕逸
捕手未接住能接到的球，造成漏接。

（11畫）

牽制
為了讓跑者留在壘包上，將球投向跑者所在的那一壘。

帶打點安打
讓跑者回到本壘得分時的安打。

旋轉
球的轉動。

假性牽制
投手為了牽制跑者，假裝投出牽制球。

得點圈
藉由一壘安打就能容易得分的壘位，所以指的是二、三壘。

側肩投球
又稱側投，或四分之三投球。手臂水平揮出的投球方式。

救援成功
在球隊領先三分以內時，上場的投手，至少投完一局後仍讓隊伍保持領先。

野手選擇
壘上有人，而打者打出內野滾地球，守備方選擇不使打者出局，而是讓壘上其他跑者出局的情況。簡稱野選、FC。

移防布陣
即守備布陣。

球員休息區
即選手席。進攻時，守備方場上的九人和打者以外的選手等待的地點。

連續打席安打
打擊順序上的打者連續打出安打。

（12畫）

場內全壘打
擊出的球在場內滾動的期間，打者連續跑四個壘包回到本壘。

場地二壘規則安打
擊出的球在場內落地，以彈跳而非飛越過全壘打牆時，跑者可直接上到二壘。

盜本壘
三壘跑者趁投手或捕手不注意的時候跑向本壘的盜壘。

裁定比賽
遇下雨、日落、時間到，或是其他不可抗力因素，裁判終止比賽。

越過壘位
跑者超越構成上壘的壘位。

單手接球
用一隻手接球。

單場多支安打
一場比賽中打出兩支以上的安打。

殘壘
三人出局攻守交換時，壘上還有跑者。

無安打比賽
無安打及失分的比賽。投手在未讓敵隊打出安打及得分的情況下獲勝，有保送或失誤造成的跑者也算數。

 13畫

落失球
球被野手接到之後又彈開。

滑地接球
滑行接捕到球。

腦內模擬
根據過去的資料或現場狀況，在腦內模擬行動。

 14畫

滿球數
兩好球三壞球的情況。

滿貫砲
滿壘全壘打，又稱大滿貫。

滿壘
本壘以外的壘上都有跑者。

 15畫

撲接
野手撲過去接捕打過來的球。

暴投
投手投出太過偏差、讓捕手無法接捕的球。

德州安打
落在內外野手之間的安打。也稱作三不管地帶安打、鳥安。

僵持比賽
兩隊勢均力敵的比賽。

緩時盜壘
並非在投手投球的同時盜壘，而是稍微延後起跑時間的盜壘。

 17畫

舉臂過頭的揮臂式投球
投手的投球姿勢之一。雙臂高舉過頭再投出球的方式。

趨前防守
為防三壘跑者藉由內野滾地球回本壘，野手在前方守備，以便將球投向本壘。

雙殺
守備方的連續動作，使兩名跑者出局。

 18畫

雙殺出局
以一顆被擊出的球造成兩出局。

雙盜壘
兩名跑者同時盜壘。

轉傳
有兩人以上的跑者在壘上，野手傳球以防止前面的跑者上壘，其他野手再接著傳球，試圖防止後面的跑者上壘。

擲球
丟球時，從下方輕輕拋出球。

 19畫

離壘
跑者離開壘包。

觸壘待跑
跑者等到高飛球被接捕後，踩壘後馬上跑向下一壘。

 20畫

漫畫　田中顯

曾擔任眾多知名漫畫家的助手，之後出道成為漫畫家。代表作是描繪自衛隊樂隊故事的喜劇漫畫《櫻花音樂隊》，以及《最後的晚餐料理人》等。

監修　公益社團法人　全國棒球振興會

日本前職棒球員俱樂部。以「擴大日本棒球人口」、「提振技術」、「促進職業與業餘之間的交流」為宗旨，在日本各地約有一千六百名有過職棒經驗的會員秉持志工精神進行活動。網址：http://www.obclub.or.jp

翻譯　陳姿瑄

國立臺灣大學日本語文學系畢業。在小熊出版的翻譯作品有：《經典圖像小說：莎拉公主》、《經典圖像小說：湯姆歷險記》、《經典圖像小說：羅密歐與茱麗葉》、《經典圖像小說：三劍客》、《經典圖像小說：銀河鐵道之夜》、《小學生志願指南：長大後你想做什麼？立定志向從現在開始！》、《經典圖像小說：阿爾卑斯山的少女》、《就是愛踢足球！讓你技巧進步的漫畫圖解足球百科》、《就是愛打籃球！讓你技巧進步的漫畫圖解籃球百科》。

審訂　徐展元

畢業於臺北體院運動科學研究所，夢想是播報棒球五十年（1996年起迄今已二十年），每天不是在棒球場，就是在前往棒球場的路上。最大的願望是：真的好想贏韓國。

童漫館

讓你技巧進步的漫畫圖解棒球百科

就是愛打棒球！

漫畫／田中顯（Sideranch 股份有限公司）
監修／公益社團法人全國棒球振興會
編劇・編輯協助／Office Idiom 有限公司
解說插圖／藤幹生
裝訂・設計／修水 [Osami]
翻譯／陳姿瑄
審訂／徐展元

參考文獻

《棒球指導書》
（公益社團法人全國棒球振興會）

《NEW 棒球技巧》
（學習研究社）

《教學漫畫／完全圖解少年棒球》
（集英社）

總編輯：鄭如瑤｜文字編輯：許喻理、姚資汝｜美術編輯：王子昕｜印務經理：黃禮賢
社長：郭重興｜發行人兼出版總監：曾大福｜出版與發行：小熊出版・遠足文化事業股份有限公司
地址：231 新北市新店區民權路 108-2 號 9 樓｜電話：02-22181417｜傳真：02-86671851
劃撥帳號：19504465｜戶名：遠足文化事業股份有限公司｜客服專線：0800-221029
E-mail：littlebear@bookrep.com.tw｜Facebook：小熊出版
讀書共和國出版集團網路書店：http://www.bookrep.com.tw
法律顧問：華洋國際專利商標事務所／蘇文生律師｜印製：凱林彩印股份有限公司
初版一刷：2015 年 7 月｜二版十刷：2022 年 8 月
定價：420 元｜ISBN：978-957-8640-09-2

小熊出版官方網頁

Umaku Naru Syounen Yakyuu
©Gakken
First published in Japan 2013 by Gakken Education Publishing Co., Ltd., Tokyo
Traditional Chinese translation rights arranged with Gakken Plus Co., Ltd.
through Future View Technology Ltd.

國家圖書館出版品預行編目（CIP）資料

就是愛打棒球！讓你技巧進步的漫畫圖解棒球
百科／田中顯漫畫；陳姿瑄翻譯；公益社團法
人全國棒球振興會監修 --二版.--新北市：小熊
出版：遠足文化發行，2018. 02
　面；　公分.--（童漫館）
ISBN 978-957-8640-09-2（精裝）

1.棒球　2.漫畫

528.955　　　　　　　　　　106022540

MANGA **BASEBALL** PRIMER